Lese- & Lernprofi 4

Sinnerfassend lesen lernen mit Julia und Michael, den Leseprofis

Autoren:
Christa Koppensteiner
Christl Meixner

Bildungsmodell Kompetenz Lernen®

Digitales Schulbuch

Erklärung der Symbole

Haupttitel

Untertitel

Arbeitsauftrag – zeigt Aufgaben an, die es zu lösen gilt,
die dazugehörigen Lösungen findest du unter dem Lösungssymbol

schwieriger Arbeitsauftrag

Lösung: Lösungssymbol – zeigt an, auf welcher Seite die Lösung zu finden ist

☐ Feld zum Ankreuzen

ST = Standards des Bereiches **„Lesen – Umgang mit Texten und Medien"**

ST (H) = Standards des Bereiches **„Hören, Sprechen und Miteinander-Reden"**

Die Abkürzungen „ST" und „ST (H)" begleiten durch das Buch und zeigen Seite für Seite auf, welche Kompetenzen und Standards behandelt werden!

Genaue Erklärung siehe Seite 129!

Lerntipps

Ein Großteil der Lerntipps stammt aus den Büchern:

„Easy Learning 1", Lerngrundlagen – Wie Lernen funktioniert,

„Easy Learning 2", Lerntechniken – So lerne ich erfolgreich,

„Easy Learning 3", Die Praxis – Lernen in den Fachgegenständen,

von Christa Koppensteiner, Verlag GS-Multimedia Wien*, 2006

*seit 2007 Bildungsverlag Lemberger.

*(Lesedifferenzierung möglich)

*(Lesedifferenzierung möglich)

Zeitungstexte lesen

Sach- und Gebrauchstexte lesen

*(Lesedifferenzierung möglich)

*(Lesedifferenzierung möglich)

Einführung

Hallo und herzlich willkommen!

Wir sind Julia und Michael und in diesem Schuljahr werden wir dich durch dieses Buch begleiten.

Zahlreiche spannende Aufgaben und Übungen erwarten dich.

In diesem Schuljahr wirst du auch schon lernen, was du beachten musst, wenn du Zeitungs-, Sach- und Gebrauchstexte liest. Auch wie man wichtige Textstellen herausfindet und markiert, wirst du erfahren.

Am Ende des Schuljahres und mit Abschluss der Volksschule wirst du dann schon ein richtiger Leseprofi sein und damit bestens gerüstet für deine weitere Schullaufbahn.

Viel Spaß beim Lesen und Lernen wünschen dir

Julia und Michael

Einstiegs-Lesetest

Mit dem folgenden Lesetest kannst du überprüfen, wie gut du momentan Texte, die du gelesen hast, verstehen kannst.

Aufgabenstellung:

- Der Test besteht aus drei Teilaufgaben.
- Löse alle drei Aufgaben und vergleiche anschließend deine Ergebnisse mit den Lösungen.
- Je mehr richtige Antworten du hast, desto besser ist dein Leseverständnis.

Aufgabe 1: Richtig oder falsch? (Lesescreening)

Lies dir jeden Satz durch und stelle fest, ob die Aussage richtig R oder falsch F ist! Ringle jeweils die zutreffende Aussage ein!

Zeit: 1 Minute

1]	Erdbeeren sind blau.	R	F
2]	Frösche haben ein Fell.	R	F
3]	Äpfel wachsen auf Bäumen.	R	F
4]	Im Federpennal trägt man Bücher.	R	F
5]	Unter dem Christbaum liegen Geschenke.	R	F
6]	Mit dem Adventkalender zählt man die Tage bis zum Geburtstag.	R	F
7]	Wenn man es eilig hat, dann läuft man.	R	F
8]	In der Nacht ist es draußen hell.	R	F
9]	Wenn ein Tier krank ist, dann muss man zum Tierarzt.	R	F
10]	Im Winter wärmen kurze Hosen am besten.	R	F
11]	Ein Ball ist rund.	R	F
12]	Die beste Sicht beim Autofahren hat man bei dichtem Nebel.	R	F
13]	Damit man in einem großen Raum besser zu hören ist, verwendet man ein Mikrofon.	R	F
14]	Auf einem Computer kann man Briefe schreiben.	R	F
15]	Wer schlecht sieht, sollte sich mit einem Hörgerät helfen.	R	F
16]	Bei starkem Wind fällt leicht etwas um.	R	F
17]	Im Frühling fallen die Blätter von den Bäumen.	R	F
18]	Im Sommer gehen wir häufig Schi fahren.	R	F
19]	Der Friseur schneidet die Haare.	R	F
20]	Mit einem Bleistift putzt man sich die Zähne.	R	F

Aufgabe 2: Die Taube und die Ameise (Fabel)

Beantworte die Fragen zum Text!

Zeit: 5 Minuten

Die Taube und die Ameise *(Fabel von La Fontaine)*

An einem heißen Sommertag flog eine durstige Taube an einen kleinen, rieselnden Bach. Sie girrte vor Verlangen, neigte ihren Kopf und tauchte den Schnabel in das klare Wasser. Hastig saugte sie den kühlen Trunk.

Doch plötzlich hielt sie inne. Sie sah, wie eine Ameise heftig mit ihren winzigen Beinchen strampelte und sich verzweifelt bemühte, wieder an Land zu paddeln. Die Taube überlegte nicht lange, knickte einen dicken, langen Grasstängel ab und warf ihn der Ameise zu. Flink kletterte diese auf den Halm und krabbelte über die Rettungsbrücke an Land. Die Taube brummelte zufrieden, schlurfte noch ein wenig Wasser und sonnte sich danach auf einem dicken, dürren Ast, den der Blitz von einem mächtigen Baum abgespalten hatte und der nahe am Bach lag. Ein junger Bursch patschte barfüßig durch die Wiesen zum Wasser. Er trug einen selbst geschnitzten Pfeil und Bogen. Als er die Taube erblickte, blitzten seine Augen auf. „Gebratene Tauben sind meine Lieblingsspeise", lachte er und spannte siegesgewiss seinen Bogen.

Erbost über dieses unerhörte Vorhaben gegen ihren gefiederten Wohltäter, kroch die Ameise behände auf seinen Fuß und zwickte ihn voller Zorn.

Der Taugenichts zuckte zusammen und schlug mit seiner Hand kräftig nach dem kleinen Quälgeist. Das klatschende Geräusch schreckte die Taube aus ihren sonnigen Träumen auf, und eilig flog sie davon.

Aus Freude, dass sie ihrem Retter danken konnte, biss die Ameise noch einmal kräftig zu und kroch dann wohl gelaunt in einen Maulwurfshügel.

Beantworte nun die Fragen ohne nachzulesen!

1. Wann flog die Taube zum Bach?

a] an einem sonnigen Sommertag ☐

b] an einem heißen Sommertag ☐

c] an einem klaren Sommertag ☐

2. Was warf die Taube der Ameise zu?

a] einen dürren Ast ☐

b] einen Strohhalm ☐

c] einen dicken, langen Grasstängel ☐

3. Was trug der junge Bursche?

a] Pfeil und Bogen ☐

b] ein Gewehr ☐

c] einen Stock ☐

4. Was machte die Ameise?

a] sie kroch auf seinen Fuß und zwickte ihn ☐

b] sie kroch auf seine Hand und zwickte ihn ☐

c] sie kroch auf seinen Zeh und zwickte ihn ☐

Aufgabe 3: Wörter richtig einsetzen

Lies dir jeden Satz durch und setze das passende Wort ein.

geschützt – Lebenserwartung – Riesen - Tiergarten - Nahrung
Riesenschildkröten – verringert – Jahren – Blätter – Mensch - friedlich

Riesenschildkröten

Riesenschildkröten gibt es schon seit

vielen tausend ________________. Sie haben schon

zu Zeiten der Dinosaurier gelebt. Riesenschildkröten sind die Wirbeltiere mit der höchsten ______________. Sie können über 200 Jahre alt werden. Erst mit 20 bis 25 Jahren erreichen die Tiere die Geschlechtsreife. Ausgewachsene Männchen wiegen ca. 250 kg und sind etwa 1,20 m lang, Weibchen erreichen 170 kg und werden 90 cm lang.

In früheren Zeiten drohte den friedlichen _________ besonders Gefahr von den Seefahrern. Die genügsamen Tiere, die längere Zeit ohne __________ auskommen können, wurden nämlich gerne als lebende Fleischkonserven auf große Fahrten mitgenommen. Durch diese Sitte wurde der Bestand der __________ über Jahrhunderte hinweg stark ___________.

Obwohl diese Urviecher richtig gefährlich aussehen, sind sie ganz ________ ________. Ihre Lieblingsnahrung sind Gräser und frische ________. Die Seychellen sind der letzte Ort weltweit, wo diese Riesenschildkröten noch leben. Feinde haben sie keine, die größte Gefahr für sie ist der _________. Ihr Fleisch galt lange Zeit als Delikatesse und deshalb wurden sie fast ausgerottet. Heute sind die wenigen noch frei lebenden Tiere durch weltweite Abkommen ___________. Im ___________ Schönbrunn gibt es Riesenschildkröten zu sehen.

Ergebnisse:

Nun vergleiche die Ergebnisse mit den Lösungen auf Seite 12 und trage deine Ergebnisse ein:

Aufgabe 1: Anzahl richtige Antworten: _____/20

Aufgabe 2: Anzahl richtige Antworten: _____/4

Aufgabe 3: Anzahl richtig eingesetzter Wörter: _____/11

Lösungen zum Einstiegs-Lesetest

Aufgabe 1: Richtig oder falsch?

1. R [F]	2. R [F]	3. [R] F	4. R [F]
5. [R] F	6. R [F]	7. [R] F	8. R [F]
9. [R] F	10. R [F]	11. [R] F	12. R [F]
13. [R] F	14. [R] F	15. R [F]	16. [R] F
17. R [F]	18. R [F]	19. [R] F	20. R [F]

Aufgabe 2: Die Taube und die Ameise (Fabel)

richtig sind: 1b, 2c, 3a, 4a;

Aufgabe 3: Wörter richtig einsetzen

Die Wörter in der richtigen Reihenfolge eingesetzt sind:
Jahren, Lebenserwartung, Riesen, Nahrung, Riesenschildkröten, verringert, friedlich, Blätter, Mensch, geschützt, Tiergarten

Lesetechnik

Leseregeln

1. Lies immer mit voller Aufmerksamkeit und konzentriere dich auf den Text.

Kein Fernseher, wenn du liest!

Denke nicht an andere Dinge, wenn du liest!

Wenn du einen Text liest und dabei aber z. B. an deine Geburtstagsparty denkst, dann konzentrierst du dich nicht auf den Textinhalt und weißt nachher nicht, was du gelesen hast!

Trainiere deine rechte Gehirnhälfte, indem du Tätigkeiten, die du normalerweise mit der rechten Hand ausführst, mit der linken machst.

Nimm doch z. B. einmal deine Zahnbürste in die linke Hand!

2. Damit du dir merken kannst, was du gelesen hast, musst du dir alles, was du liest, vorstellen können.

Bildhafte Wörter wie Haus, Garten und Oma kannst du dir leicht vorstellen. Schwieriger wird es da schon mit abstrakten (= unanschaulichen) Begriffen wie Freiheit, Frieden, Weisheit, Kreativität usw.

Umgang mit abstrakten (= unanschaulichen) Begriffen

Verbinde auch abstrakte Begriffe und Informationen mit Bildern. Bei Gefühlen stellst du dir am besten die dazu-gehörige Körperhaltung vor oder du suchst nach entsprechenden Fallbeispielen aus dem Alltag.

Beispiel:

Angenommen, du liest den Begriff Freiheit. Dann kannst du dir zu diesem Begriff z. B. die amerikanische Freiheitsstatue vorstellen, oder einen Vogel, der aus einem Käfig davon fliegt.

Oder wenn du den Begriff Weisheit liest, dann stellst du dir vielleicht eine alte, weißhaarige Person vor, die die Leute um Rat fragen.

3. Wenn du Wörter liest, die du nicht verstehst, dann musst du die Bedeutung herausfinden! Frage jemanden oder schlage in einem Wörterbuch nach!

Mit der Erklärung kannst du dann wieder nach einem Beispiel aus der Praxis suchen. Du schlägst z. B. unter dem Wort „akut“ nach und liest: akut = plötzlich auftretend, heftig verlaufend. Dann kannst du dir z. B. einen Menschen vorstellen, der ganz plötzlich und heftig krank geworden ist.

4. Je mehr Sinne du beim Lesen mit einbeziehst, desto besser kannst du dir merken, was du gelesen hast!

Stelle dir den folgenden Text mit allen Sinnen vor, höre die Stimmen, fühle, rieche und schmecke!

Opa saß im Garten auf der Bank. Er genoss seine Nachmittagsjause. Die Herbstsonne schien ihm warm ins Gesicht. Der Kaffee duftete köstlich und die Sachertorte schmeckte ihm ausgezeichnet. „Darf ich kosten?“, fragte Oma. Doch Opa schüttelte verneinend den Kopf.

1. Stelle dir nun die folgenden abstrakten Begriffe bildlich vor!

Denke entweder an die entsprechende Körperhaltung oder an Situationen aus deinem Leben, damit die Begriffe für dich vorstellbar werden. Wenn du die Wörter nicht kennst, dann schlage in einem Wörterbuch nach!

energisch – großartig – topfit – bezaubernd – kerngesund – bedrückt – schlapp – einsam – sauer – elend – gekränkt – Stress – Angst – Hektik – Kreativität – Flexibilität

Lies die Geschichte und stelle sie dir mit allen Sinnen vor!

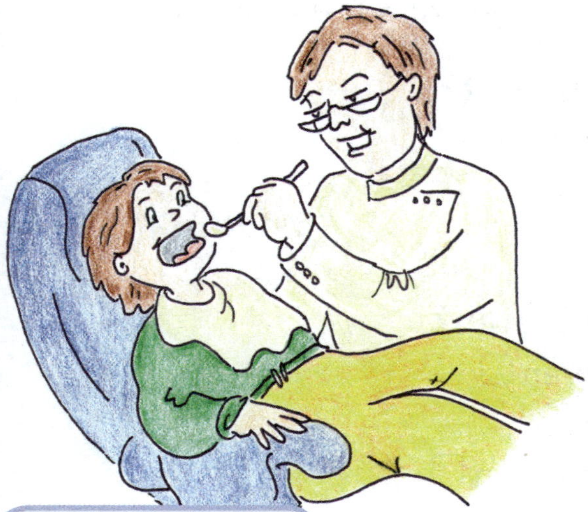

Claudia hat Zahnschmerzen

Claudia sitzt ganz verkrampft auf dem Zahnarztstuhl und hält sich ängstlich auf dem Stuhl fest. Zahnarztbesuche machen ihr nämlich, seit dem letzten, schwer zu schaffen. Damals hatte ihr der Zahnarzt unter höllischen Schmerzen einen Zahn plombiert. Claudia will gar nicht daran denken. Und nun, das war kaum ein halbes Jahr her, war sie schon wieder hier. Diese verflixten Zähne! Schon das Geräusch des Bohrers verursachte ihr Übelkeit.

„Na, was haben wir denn für ein Problem?", fragt der Zahnarzt gut gelaunt und Claudia macht sich beim Anblick des Zahnarztes noch ein bisschen kleiner auf ihrem Sessel, so als würde das etwas nützen. Wie konnte dieser Mensch so gut gelaunt sein? Wären da nicht die Zahnschmerzen gewesen, wäre sie längst abgehauen. Aber es half nichts, da musste sie jetzt durch. Tapfer zeigt sie auf den schmerzenden Zahn und erklärt: „Der tut wie verrückt weh!" Der Zahnarzt sieht sich den Zahn an und meint: „Na, das haben wir doch gleich", und bevor Claudia weiß, wie ihr geschieht, hat er den Zahn auch schon gerissen. Claudia ist ziemlich überrascht. „Was, schon fertig? Das hat ja gar nicht wehgetan", meint sie. „Es war auch nur ein kaputter Milchzahn. Milchzähne haben noch keine tiefen Wurzeln, die kann man leicht reißen", erklärt der Zahnarzt. „Na, super", sagt Claudia, jetzt wieder gut gelaunt. Sie hat es trotzdem sehr eilig, aus der Praxis zu verschwinden. „Vergiss nicht auf das Zähneputzen", ruft ihr der Zahnarzt noch nach, aber das hört Claudia schon nicht mehr.

Kannst du dir Claudia beim Zahnarzt vorstellen? Kannst du das Geräusch des Bohrers und was der Zahnarzt sagt, in deinem Kopf hören? Kannst du fühlen, wie es Claudia geht?

Trag die neuen Wörter hinten in die Wörterliste ein!

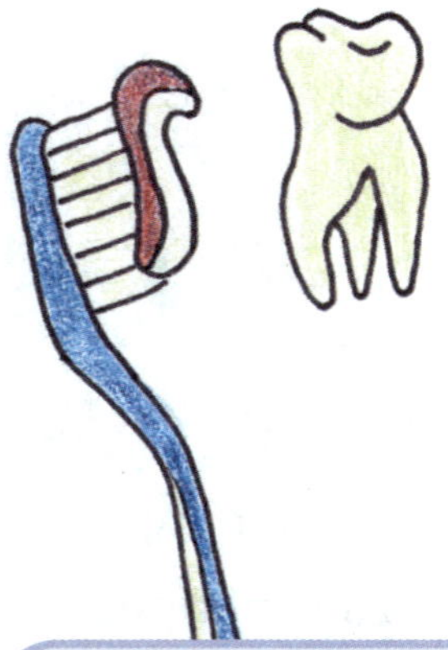

Lies einen Text laut und nimm dich dabei auf!
So merkst du sehr schnell, was du noch verbessern kannst.

Nicht nur lesen, sondern auch lernen solltest du mit allen Sinnen. Dadurch prägt sich Lernstoff viel besser ein!

Beantworte nun die folgenden Fragen zum Textverständnis:

1. Was bedeutet verkrampft?

a] verspannt, nicht locker ☐
b] weinend ☐
c] lachend ☐

2. Was bedeutet plombieren?

a] einen Zahn aufbohren ☐
b] einen Zahn reißen ☐
c] eine Zahnfüllung machen ☐

3. Was bedeutet kaputt?

a] beschädigt ☐
b] groß ☐
c] klein ☐

4. Was ist ein Milchzahn?

a] ein bleibender Zahn ☐
b] ein Zahn vom ersten Gebiss ☐
c] Ein Zahn aus Milch ☐

5. Was ist eine Praxis?

a] Behandlungsraum ☐
b] Vorraum ☐
c] Abstellraum ☐

6. Warum hat Claudia solche Angst vor dem Zahnarzt? Weil ihr das letzte Mal der Zahnarzt unter höllischen Schmerzen einen …

a] Zahn gereinigt hat. ☐
b] Zahn gerissen hat. ☐
c] Zahn plombiert hat. ☐

7. Was soll Claudia nicht vergessen?

a] den nächsten Zahnarztbesuch ☐
b] das Zähneputzen ☐
c] die Zahnbürste ☐

Lösung: siehe Seite 121

Lesegeschwindigkeit

Je mehr Buchstaben und Wörter du auf einen Blick gleichzeitig erkennen kannst, umso schneller liest du. Die folgende Übung erweitert deine Blickspanne.

1. Zwei Wörter mit drei Buchstaben gleichzeitig erkennen:

Decke die Zeilen mit einem Blatt Papier ab, so dass du immer nur eine Zeile siehst. Schau bei den Wortpaaren auf den Gedankenstrich und versuche, mit einem Blick beide Wörter zu erfassen!

Rad – Reh
Wal – Wut
Uhr – Uhu
wer – was
Kot – Not
das – was
Mut – Wut
Ohr – Zeh
Fee – Gut
Fuß – Bad

Übung macht den Meister!
Erstelle dir auch selber solche Wörterlisten!

2. Probiere es gleich nochmal!

ihr – sie
wie – wer
Bau – Tau
rot – tot
aus – ein
auf – dir
hin – her
der – das
wir – ihr
war – für

3. Zwei Wörter mit vier Buchstaben gleichzeitig erkennen.

Mache diese Übung erst, wenn du die Wörter mit drei Buchstaben gleichzeitig erkennen und lesen kannst. Decke immer nur ein Wortpaar auf! Schau wieder auf den Gedankenstrich und versuche, beide Wörter mit einem Blick zu erfassen!

Maus – Haus	Text – Topf
Geld – Buch	Bank – Krug
Kuss – Mund	Brot – Ofen
Land – Korb	grün – weiß
fort – Wort	Hase – Nase
Hand – Laus	auch – doch
Loch – Kopf	dick – kein

Wenn du regelmäßig übst, kannst du die Wörterliste auf Wörter mit sechs Buchstaben und mehr erweitern und deine Blickspanne immer weiter ausdehnen ...

4. Zwei Wörter mit fünf Buchstaben gleichzeitig erkennen.

Mache diese Übung erst, wenn du die Wörter mit vier Buchstaben gleichzeitig erkennen und lesen kannst. Ziehe das Blatt Zeile für Zeile für einen kurzen Moment nach unten, dann decke die Zeile sofort wieder zu. Schreibe die Begriffe auf!

Tisch – Tasse	Blick – Karte
krank – hinkt	Blume – Stift
Frage – Wiese	Wolke – Sonne
Kegel – Fisch	Maria – Monja
Pferd – Vater	Klaus – Klara

Lesebremsen

Um schneller zu lesen, solltest du folgende Lesebremsen ablegen:

Verzichte darauf,

- mit dem Finger auf die Wörter zu zeigen, die du liest!
- den Kopf beim Lesen hin und her zu bewegen!
- Wort für Wort zu lesen. Erfasse ganze Wortgruppen mit einem Blick!

Vergiss auch beim Schnelllesen nicht, dir den Text mit allen Sinnen vorzustellen!

1. Lies den folgenden Text, so schnell du kannst, und stelle mit einer Stoppuhr deine Lesezeit fest.

Wo steckt Mieze?

Sandra war besorgt: Mieze, ihre Katze, wurde immer fet-ter. Außerdem verhielt sie sich seltsam. Sie wollte einfach nicht mehr in ihren Katzenkorb. „Bestimmt ist sie krank“, sagte Sandra zu ihrer Mama. „Ihr Bauch ist ganz dick, und seit Tagen schläft sie nicht mehr in ihrem Körbchen.“ „Mach dir keine Sorgen“, beruhigte Mama sie und nahm sie in den Arm. „Wenn es Mieze morgen früh nicht besser geht, bringen wir sie zum Tierarzt.“

„Nicht so laut!“, flüsterte Sandra. „Du weißt doch, dass sie da überhaupt nicht gern hingeht.“ Aber zu spät, Mieze war schon verschwunden. Sandra und ihre Mutter durchsuchten das ganze Haus, konnten die Katze aber nirgends finden. Nicht einmal, als sie ihr ein Schüsselchen mit Milch hinstellten, kam sie angelaufen. Auch am nächsten Morgen fanden sie keine Spur von Mieze. „Sie hat wahrscheinlich gehört, dass wir vom Tierarzt gesprochen haben“, stöhnte Sandra, während sie überall nach ihr suchten. Sie fanden alles Mögliche, was seit langem vermisst wurde.

Nur Mieze war nirgends zu sehen. Mieze war weder im Haus noch im Garten, also ging Mama mit Sandra in den Park, um weiterzusuchen. „Komm, Mieze“, lockte Sandra. Leider sahen sie nur Hunde im Park. Da Mieze Hunde nicht ausstehen konnte, war sie bestimmt nicht hier. Am Nachmittag war Sandra mit ihrer Mutter im Garten, als Frau Müller von nebenan über die Hecke rief: „Kommt mal her und guckt euch an, was ich in meinem Wäschekorb gefunden habe.“ Sie lächelte. Dort, inmitten der Wäsche, lag Mieze und neben ihr lagen fünf süße Katzenbabys. Mieze hatte also gar keine Krankheit gehabt, sondern bloß Junge erwartet!

Text gekürzt aus: Meine schönsten Fünf-Minuten-Geschichten, Parragon Books Ltd, ’06.

Meine Lesezeit: ____________

2. Im folgenden Text fehlen einzelne Buchstaben oder Wortteile. Ergänze sie während des Lesens!

So sieht der Text aus: Die Katze brau___ Abwechsl___.
So sollst du ihn lesen: Die Katze brau **cht** Abwechsl **ung**.

Katzenhaltung in der Wohnung *(Sachgeschichte)*

Die reine Wohnungshalt___ von Katz___ kann durchaus artgerecht sein, aber die Katze braucht Abwechsl___, damit sie sich nicht langwei___. Die meisten Katzen lieben Kratzbäu___ zum Spielen und Klettern. Wer sich keinen teuren Kratzbaum anschaffen will, ka___ auch ein Stück Teppich an d___ Wand befestigen, an d___ die Katze hochklettern kann. Gibt es keinen Kratzbaum für die Katze, so hält sie si___ überall sonst in der Wohnung auf. Sie ma___ auch gerne Plätze hoch ob___, damit sie das Geschehen überschauen ka___. Zu den wichtigsten Abwechslungen in ein___ Katzenleben gehört a___ jeden Fall d___ tägliche Spielrunde.

Meine Lesezeit: ____________

3. Nun wird es schwieriger! Im folgenden Text fehlt der Selbstlaut „a“. Kannst du den Text lesen? Wie lange brauchst du dazu?

Der gute R_t

Eines _bends w_nderten zwei Freunde durch einen W_ld. Plötzlich s_hen sie im Dämmerlicht einen großen Bären zwischen den Bäumen stehen. Einer der Freunde kletterte r_sch _uf eine hohe T_nne und blieb, vor Furcht zitternd, oben in den Zweigen hocken. Der zweite Freund, der nicht klettern konnte, s_h keinen _nderen _usweg, _ls sich tot zu stellen. Er ließ sich _uf den N_delboden f_llen und blieb regungslos liegen. Der Bär k_m näher und beschnüffelte den M_nn von Kopf bis Fuß. Der M_nn hielt die _ugen fest zugedrückt und l_g bewegungslos d_. Er rührte sich _uch d_nn nicht, _ls er den heißen _tem des Bären _uf seinem Gesicht fühlte. Stocksteif l_g er d_ und hielt den _tem _n, obwohl er vor _ngst _m liebsten l_ut losgebrüllt hätte. Der Bär hielt ihn für tot und d_ Bären keine Toten _nrühren, ließ er ihn liegen und trottete d_von. _ls der Bär verschwunden w_r, kletterte der Freund von seinem sicheren Versteck und fr_gte seinen Begleiter: „W_s h_t dir der Bär ins Ohr geflüstert?“ „Oh“, s_gte der _ndere, „er g_b mir den guten R_t, d_ss ich nie wieder mit einem Freund zus_mmen w_ndern soll, der sich in der Gef_hr so t_pfer _us dem St_ub m_cht und mich im Stich lässt.“

Meine Lesezeit: ____________

Lösung: siehe Seite 121

Ausdrucksvoll lesen

Einen Text/ein Gedicht ausdrucksvoll zu lesen bedeutet:
Die Satzzeichen beim Lesen zu berücksichtigen, den Text unterschiedlich zu betonen und gezielt Pausen einzusetzen.

- Gehe mit der Stimme nach unten, wenn ein Punkt steht:
  Michael geht ins Haus.
- Gehe mit der Stimme nach oben, wenn du eine Frage liest:
  Geht Michael ins Haus hinein?
- Lies im Befehlston, wenn ein Rufzeichen steht:
  Michael, geh ins Haus!
- Lege eine kurze Pause ein, wenn ein Beistrich steht:
  Michael, der Freund von Julia, geht ins Haus.

1. Lies nun das folgende Gedicht mit der richtigen Betonung vor. Nehmt euch dabei auf!

In meinem Haus lebt ein Gespenst *(Christine Rettl)*

In meinem Haus lebt ein Gespenst.
Es könnte sein, dass du es kennst.
Des Nachts, wenn ich gern schlafen will,
geistert es, bleibt niemals still.
Lieg ich wach im Bett und lese,
nagt es Löcher in den Käse.

Plötzlich, meine Uhr schlägt vier,
klimpert es auf dem Klavier.
Endlich wird es mir zu dumm.
Ich stehe auf und schau mich um.
Erst kramt es dort, dann raschelt's hier
mit einem Butterbrotpapier.
Hinter einem Schwarzbrotwecken
will es sich vor mir verstecken.
Und – da sehe ich es sitzen –
klein und grau mit Schnurrbartspitzen.
Das Gespenst in meinem Haus
ist natürlich eine …!

Überfliegendes Lesen oder Slalomlesen

Lass deine Augen, wie bei einem Slalom, über den Text gleiten!

Überfliegendes Lesen wird oft auch Slalomlesen genannt, weil man den Blick wie bei einem Slalom über den Text gleiten lässt. Es ist in erster Linie dazu da, damit du dich orientieren und dir einen ersten groben Überblick über einen Text verschaffen kannst.

Nützliche Fragen zur Orientierung lauten:

- Um welche Art Text handelt es sich?
  Ist es z. B. eine Gebrauchsanweisung, ein Zeitungsartikel, ein Küchenrezept?
- Worum geht es im Text?
  Was ist die Kernaussage im Text?
- Was sagen dir die Überschriften?
- Was wird durch die Illustration ausgedrückt?
  Dienen die Bilder der Unterhaltung oder der Verdeutlichung des Inhaltes?

Lies zuerst alle hervorgehobenen Überschriften und Wörter und betrachte die Bilder! Lass deinen Blick über den Text schweifen.

Zu lernen, einen Text zu überfliegen, bedarf der Übung! Besonders eignen sich dazu Artikel aus Zeitungen!

1. Überfliege nun den folgenden Text und beantworte die nachfolgenden Fragen!

PARTYGETRÄNKE:

Beerenbowle: *(sprich: Beerenboule)*

Zutaten:

1 Packung tiefgekühlte Beerenfrüchte, du kannst auch frische Beeren nehmen, 1 Flasche roter Johannisbeersaft, 1 Flasche Mineralwasser

Zubereitung:

Alles vermischen und in einen großen Topf geben. Das Getränk ist mit den gefrorenen Beeren, vor allem im Sommer, sehr erfrischend.

Bowle = *bezeichnet ein kaltes Getränk aus verschiedenen Säften und Früchten*

Pfirsichbowle: *(sprich: Pfirsichboule)*

Zutaten:

1 große Dose Pfirsiche, 1/2 Tasse Himbeersirup,
1-2 Flaschen gut gekühltes Mineralwasser

Zubereitung:

Die Pfirsiche in Würfel schneiden und mit dem Saft und dem Mineralwasser in einen großen Topf geben.

1. Beantworte nun die Fragen:

a] Um welche Art von Text handelt es sich?

____

b] Wovon handelt der Text?

____

c] Welchen ersten Eindruck hast du bekommen? Wird die Zubereitung kompliziert werden?

____

Überfliegendes Lesen ist auch wichtig, wenn du Informationen zu einem Thema im Internet suchst und dazu mehrere Seiten durchschaust!

2. Lies den Text nun noch einmal genau durch. Welche Zutaten brauchst du für die Beerenbowle und welche für die Pfirsichbowle? Schreib die richtigen Abkürzungen zu den Zutaten! BB für Beerenbowle und PB für Pfirsichbowle

a] 1-2 Flaschen gut gekühltes Mineralwasser ______

b] 1 Flasche Mineralwasser ______

c] 1 Packung tiefgekühlte Beerenfrüchte, du kannst auch frische Beeren nehmen ______

d] 1/2 Tasse Himbeersirup ______

e] 1 Flasche roter Johannisbeersaft ______

f] 1 große Dose Pfirsiche ______

Lösung: siehe Seite 121

Scanning

Beim „scanning[1]" überfliegst du den Text und suchst ihn nach bestimmten inhaltlichen Informationen ab. Dein Ziel ist es zum Beispiel, die Antwort auf eine bestimmte Frage im Text zu finden. Alles Übrige nehmen deine Augen zwar noch wahr, doch da es für dich in der Situation unwichtig ist, konzentrierst du dich darauf nicht und merkst es dir auch nicht.

[1]scanning = *absuchen, überfliegen, bestimmte Informationen erfassen*

1. Überfliege den folgenden Text und suche die Antwort auf die Frage: Gibt es Spinnen, die für die Menschen gefährlich sind? Markiere die Antwort mit einem Leuchtstift!

Das „scanning" benötigst du ganz besonders, wenn du im Internet nach bestimmten Informationen zu einem Thema suchst.

Spinnen *(Sachtext)*

Spinnen findet man an den verschiedensten Orten. Manche leben in Haus und Garten, andere auf Bergen oder in Wüsten. Die meisten der über 30000 Spinnenarten sind für den Menschen nützlich. Sie vertilgen eine Un-menge Fliegen und andere Schädlinge. Alle Spinnen haben 8 Beine und können Fäden oder Netze spinnen. Alle Spinnen haben auch spitze Kieferklauen, die Gift absondern. Damit werden Beutetiere gelähmt oder getötet. Nur ganz wenige Spinnen können dem Menschen gefährlich werden.

Spinnenarten, die gefährlich sind:

Die Katipo:

Sie kommt nur in Australien und Neuseeland vor.

Quelle: Alles was ich wissen will, Band 2, Ravensburger Buchverlag 2000.

Die schwarze Witwe:

Sie lebt in Amerika. Sie besitzt ein Nervengift, das auch für den Menschen sehr gefährlich sein kann.

Die Trichterspinne:

Sie lebt im Südosten Australiens.

Alle Übungen, die deine Leseleistung trainieren, wirken sich auch positiv auf deine Gedächtnis- und Lernleistungen aus.

2. Was wisst ihr über Spinnen? Sammelt zuerst all euer Wissen in der Klasse und seht dann im Internet nach.

Suchmaschine: www.blinde-kuh.at
Suchbegriff: Spinnen

____

____

____

____

____

____

Lösung: siehe Seite 121

Lesetraining

Textverständnis, Sinnzusammenhang

Übung 1. Jan + Leo – Verflixte Bälle

(Ulrich Larsen-Adam)

Stelle dir auch die Namen im Text bildlich vor. So merkst du sie dir besser!
Bei Herrn Steinbeißer stellst du dir z. B. eine Person vor, die in einen Stein beißt!

Leo hat einen neuen Fußball. „Damit kann ich Weltmeister werden", ruft er begeistert. Sein Freund Jan zeigt ihm sofort seinen „Weltmeistersuperhochschuss". Und tatsächlich! Wie gut Jan schießen kann. Sehr hoch – und ein bisschen zu weit!

Der Ball fliegt bis in die Blumen des Nachbarn. Das ist Herr Hackschnabel und dem gefällt das gar nicht. Sofort nimmt er den Ball an sich. „Den Ball können eure Eltern bei mir abholen", schimpft er. „Und den Schaden können sie dann auch gleich bezahlen." Leo könnte heulen. Sein neuer Ball ist weg. Und an seine Eltern will er gar nicht denken. Jan hat zum Glück noch einen Handball. Damit spielen die beiden weiter. Denn mit einem Handball kann ja nichts passieren. Aber es passiert doch etwas. Der Ball landet schon wieder bei Herrn Hackschnabel. Aber dieses Mal hinter den Blumen. Glück gehabt. Als Jan und Leo den Ball holen, sehen sie, dass Herr Hackschnabel hinter den Blumen saß, bei einem Tässchen Kaffee. Jetzt sitzt er leider nicht mehr. Und der Kaffee ist auch nicht mehr in der Tasse, sondern auf seinem weißen Hemd gelandet. O je! Nun ist auch noch der Handball futsch. „Was machen wir jetzt?", fragt Leo.

Nutze deine guten Lernzeiten, um auch wirklich Dinge zu erledigen, die deine volle Konzentration erfordern!

Indem du Bilder zu einem Textinhalt zeichnest, prägt sich das Gelesene besonders gut ein.

„Wir sehen im Keller nach, vielleicht finden wir dort etwas zum Spielen“, sagt Jan. Sie finden eine alte Bowlingkugel. Das ist absolut ungefährlich. Jetzt spielen die beiden nicht Fußball, nicht Handball, sondern Rollball. Sie rollen die Bowlingkugel in ein kleines Tor. „Das zeigen wir Hackschnabel“, ruft Jan, „dann sieht er, dass wir ihn nicht absichtlich ärgern.“ „Hallo, Herr Hackschnabel“, rufen die beiden begeistert. „Gucken Sie mal, was wir hier haben!“ Doch Herr Hackschnabel guckt gar nicht begeistert. Und mit einem Satz ist er vor seinem Haus. „Ich will keinen Ball mehr sehen“, schimpft er. Er will den Ball wegschießen. „Halt!“, ruft Leo noch. Aber es ist zu spät. Die Bowlingkugel hat sich nicht vom Platz gerührt. Nur der Fuß von Herrn Hackschnabel tut jetzt ganz schön weh. Doch plötzlich fängt Herr Hackschnabel an zu lachen. „Das war ziemlich dumm von mir, erzählt das bloß nicht weiter“, sagt er und humpelt davon. Jan und Leo sehen sich erstaunt an. Und dann wirft Herr Hackschnabel die Bälle über den Zaun. „Aber heute bitte keine Ballspiele mehr, okay?“ – „Okay!“, rufen die beiden Freunde. Erwachsene sind schon manchmal komisch, denken sie, aber oft viel netter, als man glaubt.

Text leicht gekürzt aus Pixi - Serie 155 – Nr. 1383, Carlsen Verlag, 2005.

1. Sind die Sätze richtig ☑ oder falsch ☒ ?

a] Leo hat einen neuen Fußball. ☐
b] Jan hat einen neuen Fußball. ☐
c] Der Ball fliegt zu weit. ☐
d] Der Ball fliegt bis in die Blumen des Nachbarn. ☐
e] Der Nachbar heißt Hackschnubel. ☐
f] Der Nachbar behält den Ball. ☐
g] Jan hat zum Glück noch einen Gummiball. ☐
h] Sie finden eine alte Bowlingkugel im Keller. ☐
i] Sie finden einen alten Tischtennisball im Keller. ☐
j] Herr Hackschnabel wirft die Bälle über das Dach. ☐

Lösung: siehe Seite 121

Übung 2. Auf Besuch im All

(Ein Ratekrimi)

Herr Kümmerli war ein furchtbarer Angeber. Niemand redete gerne mit ihm, denn immer wieder erzählte er die erstaunlichsten Geschichten. Und in jeder dieser Geschichten erlebte er etwas ganz Außergewöhnliches. Aber leider stimmte nichts davon ...

„Wir müssen die Kümmerlis aber auch einladen!", meinte Frau Wallner. Ihr Mann widersprach: „Kommt ja gar nicht in Frage! Diesen Aufschneider brauche ich nicht bei unserer Feier!"

Doch seine Frau setzte sich durch: „Wir haben alle aus dem Haus eingeladen. Und die Kümmerlis wohnen direkt neben uns. Wie schaut das denn aus, wenn wir nur sie nicht einladen?" Also gab Herr Wallner nach, obwohl er ganz und gar nicht begeistert war.

Ratekrimis sind interessant und fördern die Aufmerksamkeit und die Konzentration beim Lesen!

Am Abend ging es bei den Wallners lustig zu. Alle Nachbarn, abgesehen von den Kümmerlis, waren gekommen und hatten einander natürlich viel zu erzählen. Inspektor Schnüffel berichtete von einem sehr interessanten Fall. Da läutete es wieder an der Tür. Herr Wallner öffnete und bat mit etwas saurer Miene das Ehepaar Kümmerli herein. Sofort ergriff Herr Kümmerli das Wort: „Danke für die Einladung! Eigentlich habe ich ja überhaupt keine Zeit für solche Feiern, da ich mich auf meinen nächsten Flug vorbereiten muss." Er wartete kurz, doch niemand stellte ihm eine Frage. Also erzählte er fröhlich weiter: „Ich arbeite jetzt als Astronaut. Ich war der Beste bei allen Tests. Einmal war ich sogar schon auf dem Mond. Das war aufregend, kann ich euch sagen. Ich habe da auch einen echten Außerirdischen gesehen. Die sind ganz anders, als man sich das vorstellt. Moment, ich glaube, ich habe sogar ein Foto dabei." Er kramte in einer seiner Anzug-taschen und fischte ein Foto heraus. Stolz zeigte er es seinen Nachbarn. „Seht nur, wie meine Haare im Wind flattern", fügte er hinzu. Inspektor Schnüffel fing

laut zu lachen an: „Wo hast du denn das Foto machen lassen? Auf dem Mond jedenfalls sicher nicht!“ Auch die anderen konnten sich das Lachen nicht verkneifen und Herr Kümmerli verließ beleidigt die Feier.

aus: Drei mörderische Tanten, Karin Ammerer, G&G BuchvertriebsgesmbH, Wien, 2005.

1. Weißt du auch, warum Herr Kümmerli unmöglich auf dem Mond gewesen sein kann?

____

____

2. Beantworte nun die Fragen zum Text!

a] Warum will Herr Wallner die Kümmerlis nicht einladen?

____

b] Wer berichtete auf der Feier von einem sehr interessanten Fall?

____

c] Kamen die Kümmerlis auf die Party?

____

d] Als was behauptet Herr Kümmerli zu arbeiten?

____

e] Und wo behauptet er sogar einmal gewesen zu sein?

____

f] Woraus fischte er das Foto?

____

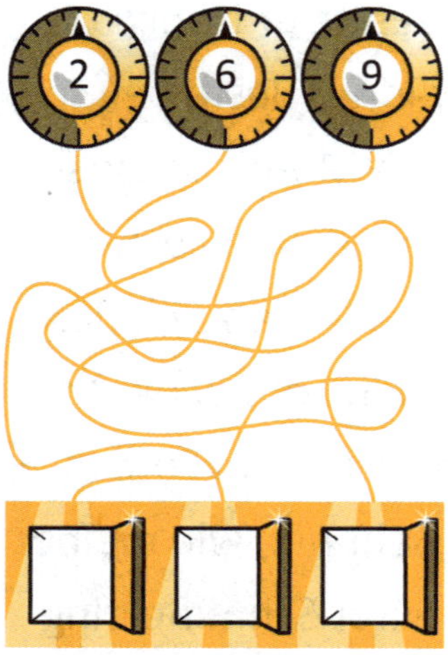

3. Inspektor Schnüffel muss den Code eines Safes knacken. Hilf ihm dabei! Folge den Linien nur mit den Augen und bring die Zahlen in die richtige Reihenfolge!

Lösung: siehe Seite 121

Übung 3. Mein Glück

(Gedicht)

Vor dem Lesen:

A. Wozu dient dieser Text?

a] zur Information ☐ b] zur Unterhaltung ☐

B. Welche Lesestrategie wirst du hier anwenden?

a] Text überfliegen ☐ b] Text genau lesen ☐

C. Was fällt dir beim Text auf?

D. Was stellst du dir unter dem Titel vor?

Vergiss nicht, dir das Gedicht mit allen Sinnen vorzustellen!

Mein Glück *(Max Kruse)*

Draußen kreischt
die Straßenbahn.
Drüben grölt
ein Blödian.
Über mir
tobt ein Klavier,
nebenan
ein Hundetier.

Unten dröhnt das Radio
und das Wasser
rauscht im Klo.
In der Küche
pfeift der Topf,
und ein Hammer
übt klopf-klopf.

Doch mir macht das
gar nichts aus,
denn ich bin ja nicht zu Haus!

Lies es betont vor! Durch die Betonung prägt es sich besser ein und du kannst dich leichter daran erinnern.

1. Warum heißt das Gedicht „Mein Glück“?

2. Stell dir vor, du hörst all diese lauten Geräusche, alle erzeugen L__________.

3. Unterstreiche alle Zeitwörter im Gedicht! Welches Wort passt noch?

a] Die Straßenbahn kreischt.
quietscht ☐ singt ☐ rattert ☐

b] Ein Blödian grölt.
lärmt ☐ schreit ☐ isst ☐

c] Ein Hundetier bellt.
weint ☐ kläfft ☐ hustet ☐

d] Das Radio spielt.
plärrt ☐ dröhnt ☐ musiziert ☐

e] Das Wasser im Klo sprudelt.
gluckst ☐ kocht ☐ gurgelt ☐

f] Ein Hammer klopft.
pocht ☐ hämmert ☐ sägt ☐

4. Das Gedicht heißt „Mein Glück“ und zu Silvester verschenkt man Glücksbringer. Hier ist allerdings ein falsches Bild dazu gerutscht. Welches Bild zeigt keinen Glücksbringer?

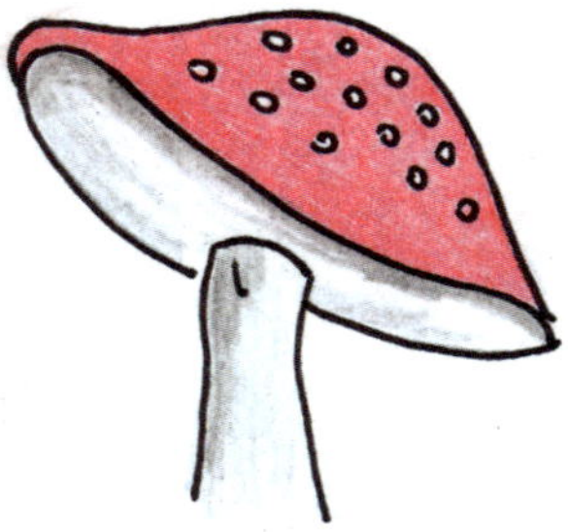

Lösung: siehe Seite 122

Übung 4. Die Hütte im Koboldwald

(Kinderbuchausschnitt)

Ein Abenteuer mit Tom Turbo *(Thomas Brezina)*

Was ist im Koboldwald versteckt? Tom Turbo, Karo und Klaro finden eine Schatzkarte. Die Spur führt in den Koboldwald. Doch dort ist alles sehr merkwürdig: Kobolde mit grellgrünen Haaren und violetten Augen tauchen überall auf. Ist hier wirklich ein Schatz versteckt?

Leseprobe:

Eingekreist

Da raschelte es im Gebüsch. Zuerst auf der linken Seite, dann auf der rechten Seite. Erschrocken schnappten Karo und Klaro nach Luft. Danach kehrte wieder Ruhe ein. Nur da und dort zwitscherte ein Vogel. „W… w… was war das?“, fragte Klaro flüsternd.

Über ihnen ertönte ein schauriges Gekicher. Als die drei aufsahen, bemerkten sie zwei rot glühende Augen, die aus einem hohlen Baumstamm glotzten und schnell wieder abtauchten. „W… war das ein Kobold?“, wollte Karo wissen. „Ich muss näher heran fahren, um den Baumstamm zu untersuchen“, erklärte Tom leise. Karo und Klaro zitterten vor Aufregung. Am liebsten wären sie wieder umgekehrt, aber sie wagten nicht, das zu verlangen. Schließlich wollte keiner der beiden als Feigling dastehen. „Hiiiiiiiaaaaa!“ Mit einem schrillen Schrei stürzte von oben ein kleines Wesen mit grellgrünen Haaren, riesigen Füßen und violetten Augen auf sie herab. Es hing an einer Liane und sprang Tom direkt auf den Kopf. Bevor das Fahrrad noch etwas unternehmen konnte, war das Wesen aber schon wieder nach oben verschwunden. „Raus aus dem Wald, Tom! Weg von hier!", riefen Karo und Klaro nun. Auch Tom Turbo hatte genug. Er wendete und trat den Rückzug an. Um schneller zu sein, verließ er den Waldweg und nahm eine Abkürzung. Doch er kam nicht weit. Vor ihm, neben ihm, hinter ihm und über ihm tauchten kleine Wesen mit grellgrünen Haaren und lila Augen auf. Tom und seine Freunde waren von Kobolden eingekreist. Es gab keinen Ausweg mehr. Aus Toms Antennenspitze zuckten kleine Blitze, die sich wie die Arme eines Tintenfisches nach allen Seiten ausbreiteten.

Gleich darauf kamen sie zurück und auf Toms Computer-Bildschirm liefen Zahlen. 1 ... 2 ... 3 ... 4 ... 5 ... 6 ...! Schließlich leuchtete die Zahl 18 auf und blinkte. So viele Kobolde waren aufgetaucht.

„Boss, Sie haben doch gesagt, es gäbe keine Kobolde", erinnerte Tom seine Freunde. „Wir haben uns geirrt", sagten Karo und Klaro mit zittriger Stimme. „Aber wie kommen wir nur aus diesem Wald wieder raus?" Die Kobolde hoben ihre Hände mit den kurzen dicken Fingern und zischten: „Fort, fort, fort von diesem Ort!"

Tom Turbo ruckte unentschlossen. „Tom, fahr endlich! Bring uns weg!", verlangten die Geschwister. Aber das Super-Fahrrad bewegte sich nicht von der Stelle. Aus der Trickkiste schleuderte Tom Karo und Klaro zwei lange Kunststoffschläuche zu. „Pusten Sie die mit dem Strohhalm auf und schlagen Sie die Röhren aneinander. Das macht Krach, es sind nämlich Schepperröhren. Ich will sehen, ob sich die Kobolde davon in die Flucht schlagen lassen." Die Hände der Geschwister waren ganz feucht und zitterten. Es war nicht einfach für sie, so aufgeregt die langen Röhren aufzupusten. Endlich waren sie fertig und lärmten los. Ließen sich die Kobolde vertreiben?

Nichts geschah. Die Kobolde waren noch immer da und glotzten mit ihren violetten Augen. Ganz langsam rollte Tom zurück. „Mach doch etwas!“, rief Klaro und klopfte auf Toms Lenkstange …

aus: Thomas Brezina, Tom Turbo, Fall Nr. 36, Die Hütte im Koboldwald, Ravensburger Buchverlag Wien 2000.

Die ganze Geschichte sowie viele weitere spannende Abenteuer mit Tom Turbo gibt es im Buchhandel oder in einer Bücherei!

1. Wer hat ein Tom-Turbo-Buch zu Hause?

Nehmt es zum Anschauen und Ausborgen mit! Natürlich muss jeder Schüler das Buch zuverlässig und in gutem Zustand wieder zurückgeben! Klar – oder?

Wenn du ein Buch kaufen willst, dann solltest du auf jeden Fall den Text auf der Umschlag-Rückseite lesen, damit du feststellen kannst, ob dir das Buch gefallen wird.

Blättere es dann kurz durch, lies das Inhaltsverzeichnis, wenn es eines gibt, und lies dann eine Seite aus dem Buch. Entscheide erst dann, ob du das Buch lesen willst.

Übung 5. Tier-Leserätsel

Welches Tier ist gemeint?

1. **Sie sind sehr klein und es gibt unzählige von ihnen. Sie leben im Wald. Dort bauen sie große Haufen. Die kleinen Tiere können Dinge schleppen, die viel größer und schwerer als sie selbst sind.**

___

2. **Es hat einen buschigen Schwanz und lebt auf Bäumen. Im Herbst vergräbt es seine Vorräte für den Winter. Es frisst gerne Nüsse und Zapfen.**

___

3. **Manchmal sieht man es am Waldrand oder auf einer Wiese stehen, aber normalerweise lebt es im Wald. Es ist sehr scheu. Das Junge heißt Kitz und man darf es nicht anfassen. Der Geruch vom Menschen würde die Mutter nämlich vertreiben.**

___

4. **Sie ist häufig weiß. Es gibt sie aber auch in grau, grau gescheckt, braun und blaugrau. Der Schnabel und die Füße sind orange. Sie hat einen Watschelgang.**

___

5. **Nun seid ihr an der Reihe!**
Legt eine Kategorie fest, wie z. B. Tiere, Blumen, Klassenkameraden usw., und dann erstellt jeder von euch ein Rätsel zur festgelegten Kategorie. Die anderen müssen es erraten. Viel Spaß dabei!

Rätsel fördern das logische Denken und die Ausdrucksfähigkeit!

Erstellt selbst solche Rätsel!

Lösung: siehe Seite 122

Übung 6. Redensarten

Unter Redensarten verstehen wir feststehende Wendungen, die nicht wörtlich gemeint sind. Sie machen die Sprache lebendig und anschaulich, aber nur, wenn man versteht, was mit ihnen gesagt werden soll.

Was bedeuten die folgenden Redensarten? Hake an! ☑

1. gesagt - getan

a] etwas sagen und sofort handeln ☐
b] eine Pause machen ☐
c] etwas erzählen, was man getan hat. ☐

2. jemandem einen Bären aufbinden

a] jemandem beim Verkleiden helfen ☐
b] jemanden anschwindeln ☐
c] jemandem ein Bärengewand umbinden ☐

Redensarten sind nie wörtlich gemeint. Sie haben immer eine sinnbildliche Bedeutung.

3. die Ohren spitzen

a] besonders gut zuhören ☐
b] spitze Ohren haben ☐
c] die Ohren spitz ziehen ☐

4. in die Luft gehen

a] mit dem Flugzeug abheben ☐
b] nach Luft schnappen ☐
c] sich sehr ärgern ☐

5. auf der Leitung stehen

a] auf einem Kabel stehen ☐
b] etwas nicht begreifen ☐
c] etwas sehr schnell auffassen ☐

6. ein Licht aufgehen

a] etwas durchschauen ☐
b] Sonnenaufgang ☐
c] das Licht einschalten ☐

Die Bedeutung von Redensarten findest du meistens auch im Wörterbuch! Du musst dabei unter dem Namenwort nachschlagen. Bei „jemandem die Suppe versalzen“, siehst du also unter „Suppe“ nach.

7. jemanden an der Nase herumführen

a] jemanden mit Absicht in die Irre führen ☐
b] jemanden bei der Nase nehmen ☐
c] der Name eines Spiels ☐

8. ins Fettnäpfchen treten

a] in eine Schüssel mit Fett treten ☐
b] sich durch eine unbedachte Äußerung in eine peinliche Situation bringen ☐
c] sich unbeholfen anstellen ☐

9. jemandem die Suppe versalzen

a] jemandem etwas verderben ☐
b] verliebt sein ☐
c] zu viel Salz in die Suppe geben ☐

10. Erkläre die folgenden Redewendungen nun in eigenen Worten! Wenn du nicht weiter weißt, dann schlage im Wörterbuch nach!

a] vor Wut kochen

____

b] sich den Kopf zerbrechen

____

c] einen Dachschaden haben

____

d] jemandem ein Loch in den Bauch fragen

____

Lösung: siehe Seite 122

Übung 7. Das Testament

Weißt du eigentlich, wann du am besten lernen kannst?

Kannst du den Betrüger entlarven?

Walter Schmidt war vor einigen Tagen im Alter von 90 Jahren verstorben. Seine Nichte, Cordula Griener, meldete sich in der Detektei Lenz & Schnüffel, da Herr Schmidt einige Millionen Euro hinterlassen hatte und sie sich sicher war, um ihr Erbe betrogen worden zu sein.

„Ich verstehe das nicht!“, schluchzte sie. „Ich habe meinen guten Onkel bis zu seinem Tod gepflegt. Er wollte mir sein ganzes Geld vermachen. Ich habe sogar gesehen, wie er das in sein Testament geschrieben hat. Und jetzt ist alles anders!“

„Was ist anders?“, fragte Kommissar Lenz nach. Frau Griener holte einen Bogen Papier aus ihrer Handtasche – das Testament. „Hier sehen Sie!“, forderte sie die beiden Detektive auf. „Mein Onkel hat anscheinend noch kurz vor seinem Tode das Testament geändert.

Ein entfernter Verwandter, Thorsten Vingner, wurde als Alleinerbe eingesetzt. Aber lesen Sie selbst …“

Nutze deine guten Lernzeiten!

Schnüffel nahm das Testament und las laut vor:

Ich, Walter Schmitt, bestimme im Vollbesitz meiner geistigen und körperlichen Kräfte meinen Großkusin 3. Grades, Herrn Thorsten Vingner, zu meinem Alleinerben.

Meiner lieben Nichte, Cordula Griener, möchte ich von ganzem Herzen für ihre Pflege und Fürsorge danken. Ich weiß, dass kein Geld der Welt ausreichen würde, um ihr zu zeigen, wie wichtig sie in meinem Leben war. Deshalb vermache ich ihr meine Briefmarkensammlung, die die große Liebe meines Lebens war:

Dies ist mein Wille.
Mit letzten Grüßen

Walter Schmitt

Kommissar Lenz warf einen Blick auf das Testament und ließ sich einen Ausweis des Verstorbenen zeigen. „Walter Schmidt. Die Unterschrift auf dem Testament scheint echt zu sein!", murmelte er. „Oder gut gefälscht!"

Sofort unterbrach ihn Frau Griener: „Natürlich ist das Testament gefälscht! Niemals hätte mein Onkel einem Wildfremden sein ganzes Geld überlassen. Er kannte diesen Vingner doch gar nicht. Und auch ich habe vorher noch nie von ihm gehört. Beim Begräbnis tauchte er plötzlich auf und behauptete, mit uns verwandt zu sein. Und dann zeigte er mir das Testament. Ich bin mir sicher, dass mein Onkel mir von diesem Thorsten Vingner erzählt hätte! Mein Onkel hat ihn sicher nicht gekannt, diesen Betrüger."

„Wirklich sehr merkwürdig!", stimmte Inspektor Schnüffel zu. „Aber Sie haben ganz Recht! Das Testament ist eindeutig eine Fälschung!" Auch der Kommissar war dieser Meinung: „Und nicht einmal eine gute!" Verunsichert schaute Frau Griener von einem zum anderen …

aus: Drei mörderische Tanten, Karin Ammerer, G&G BuchvertriebsgesmbH, Wien, 2005.

Wiederhole Lernstoff vor dem Schlafen. Da prägt er sich besonders gut ein!

1. Thorsten Vingner ist also tatsächlich ein Betrüger. Aber er hat einen schweren Fehler begangen. Ist dir aufgefallen, was die Fälschung verraten hat? Schau genau!

2. Beantworte nun die Fragen zum Text!

a] Wer ist gestorben? ________________

b] Wie alt wurde der Verstorbene? ________________

c] Wie heißt die Nichte des Verstorbenen? ________________

d] Wer behauptet Thorsten Vingner zu sein? ________________

e] Was vermacht der Verstorbene seiner Nichte in dem gefälschten Testament? ________________

f] Wer löst den Fall? ________________

Lösung: siehe Seite 122

Übung 8. Der Mond

(Sachtext)

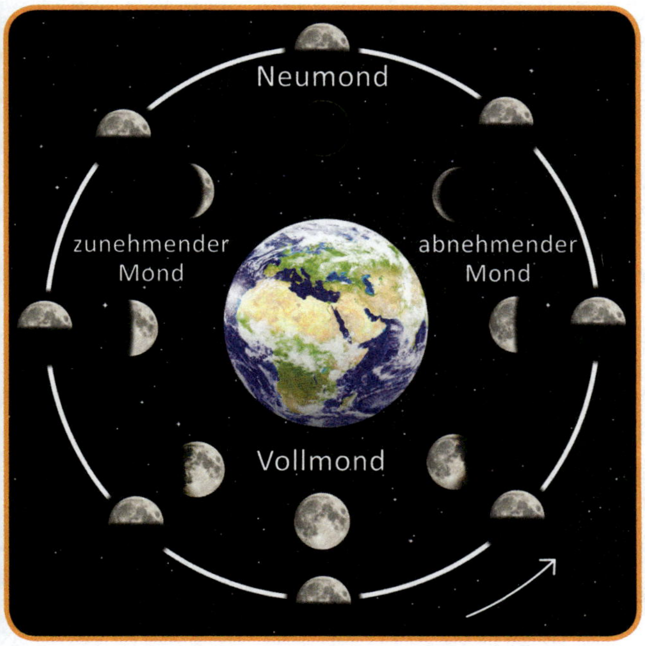

Wenn du nachts auf den Himmel schaust, dann kannst du den Mond sehen. Der Mond ist der ständige Begleiter der Erde. Am Nachthimmel wirkt er so groß wie die Sonne. Aber das täuscht nur: In Wirklichkeit ist der Mond nämlich vierhundertmal kleiner als sie! Aber warum wirkt er dann so groß?

Das ist so, weil die Sonne viel weiter von der Erde entfernt ist und deshalb viel kleiner auf uns wirkt, als sie in Wirklichkeit ist. Beobachtest du den Nachthimmel, dann bemerkst du, dass der Mond nicht immer gleich aussieht. Er ändert ständig seine Gestalt. Manchmal kannst du ihn gar nicht sehen (Neumond), manchmal sieht er aus wie eine Sichel und manchmal siehst du ihn als große, runde Scheibe.

Aber warum verändert der Mond seine Form?

Das tut er gar nicht. Er ist eine Kugel wie die Erde. Der Mond sieht nur deshalb manchmal so schmal aus, weil der von der Sonne angeleuchtete Teil gerade nicht oder nur teilweise zur Erde gerichtet ist. Der Mond nimmt also gar nicht ab und zu. Er behält immer die gleiche Größe. Sein Aussehen verändert sich nur durch die unterschiedliche Sonneneinstrahlung. Bei Vollmond scheint die Sonne direkt auf den Mond, der dann vollkommen rund aussieht. Wandert der Mond weiter um die Erde, wird er nur noch von der Seite beschienen und sieht – je nach Position zur Sonne – wie eine breitere oder eine schmalere Sichel aus. Wenn gar kein Sonnenlicht mehr auf ihn fällt, ist er von der Erde aus nicht zu sehen. Dann ist Neumond.

Wie sieht die Rückseite des Mondes aus?

Der Mond umkreist die Erde in 29,5 Tagen. In der gleichen Zeit dreht er sich einmal um sich selbst. Das führt dazu, dass wir immer die gleiche Seite sehen.

Die Oberfläche des Mondes

Wenn du den Mond genau betrachtest, das kannst du mit einem guten Fernrohr machen, dann siehst du eine ganze Reihe dunkler Flecken. Das sind die einzelnen Täler und Gebirge auf dem Mond. Die Flecken sind Krater, die vor vielen Milliarden Jahren entstanden, als unzählige Meteoriten (= Gesteinsbrocken) auf den Mond stürzten.

Erstaunlich! Geringe Schwerkraft auf dem Mond!

Auf dem Mond kann man höher springen. Die Anziehungskraft des Mondes ist nämlich viel schwächer als die der Erde. Dort hättest du nur ein Sechstel deines Gewichtes. Wiegst du auf der Erde 30 Kilogramm, dann würdest du auf dem Mond nur 5 Kilogramm wiegen.

Wer betrat zuerst den Mond?

Der amerikanische Astronaut Neil Armstrong betrat 1969 als erster Mensch den Mond.

1. Beantworte nun die Fragen zum Text!

a] Nenne vier verschiedene Mondphasen!

b] Wodurch verändert der Mond sein Aussehen?

c] Wie lange braucht der Mond, bis er einmal die Erde umkreist hat?

d] Warum sehen wir von der Erde aus immer die gleiche Seite des Mondes?

e] Wodurch entstanden die vielen Krater auf dem Mond?

f] Wer betrat als erster Mensch den Mond?

g] Was ist mit der Anziehungskraft auf dem Mond?

Lösung: siehe Seite 122

Textverständnis, Anweisungen aus einem Text entnehmen; ein Rezept lesen

Übung 1. Lieblingspalatschinken der kleinen Waldgeister

Vor dem Lesen:

A. Wozu dient dieser Text?

a] zur Information ☐ b] zur Unterhaltung ☐

B. Welche Lesestrategie wirst du anwenden?

a] Text überfliegen ☐ b] Text genau lesen ☐

Zutaten für 4 Personen:

250 g Mehl, 3 Eier, Salz, 2 EL Zucker, ½ l Milch, 250 g frische oder tiefgefrorene Heidelbeeren, 50 g Butter, 50 g Staubzucker.

Fasse das Gelesene in eigenen Worten zusammen. Dadurch merkst du dir den Textinhalt viel besser!

Zubereitung:

Mehl in eine Teigschüssel sieben. Die Eier trennen. In eine Mehlmulde Eigelb, Salz und Zucker geben und mit wenig Mehl verrühren. Langsam die Milch zugießen und mit dem Schneebesen zu einem glatten Teig schlagen. Teig ½ Stunde stehen lassen. Eiweiß zu Schnee schlagen und vorsichtig in den Teig einrühren. Frische Heidelbeeren unter kaltem Wasser kurz waschen. In einer Pfanne wenig Butter bei mittlerer Hitze schmelzen. Jeweils so viel Teig in die Pfanne gießen, dass nach Neigen der Pfanne die Bodenfläche gleichmäßig bedeckt ist. Sofort 1–2 Esslöffel Heidelbeeren so auf den Teig verteilen, dass sie einsinken.

Langsam backen, bis der Teig fest wird. Dann Palatschinken wenden und goldbraun backen. Palatschinken auf den vorgewärmten Teller gleiten lassen und mit Staubzucker bestäuben.

aus: Richtig essen – Rezepte für Kinder 1/2007, Sonderheft von „Leben und erziehen".

1. Hast du dir die Zutaten gemerkt?

M____; E____; S____; Z_______; M_____;

H______________; B______; S_____________.

2. Beantworte die Fragen!

a] Was bedeutet Schnee schlagen?

b] Was bedeutet mit Staubzucker bestäuben?

c] Woraus besteht der Teig?

d] Wie wird der Teig fest?

e] Wie viel Teig kommt in die Pfanne?

f] Was kommt auf die fertigen Palatschinken?

3. Ordne die Sätze der Reihe nach!

a] Langsam backen, bis der Teig fest wird.

b] Mehl in eine Teigschüssel sieben.

c] Langsam die Milch zugießen und mit dem Schneebesen zu einem glatten Teig schlagen.

d] In eine Mehlmulde Eigelb, Salz und Zucker geben und mit wenig Milch verrühren.

e] Teig ½ Stunde stehen lassen.

f] Dann Palatschinken wenden und goldbraun backen.

g] In einer Pfanne wenig Butter bei mittlerer Hitze schmelzen.

h] Palatschinken auf den vorgewärmten Teller gleiten lassen und mit Staubzucker bestäuben.

i] Schnee schlagen und vorsichtig in den Teig einrühren.

j] Frische Heidelbeeren unter kaltem Wasser kurz waschen.

k] Heidelbeeren so auf dem Teig verteilen, dass sie einsinken.

1.	2.	3.	4.	5.	6.	7.	8.	9.	10.	11.

4. Kannst du ausrechnen, wie viel diese Mahlzeit kostet? Schätze zuerst!

Mehl:	€ 0,50
3 Eier:	€ 1,20
½ l Milch:	€ 0,50
Zucker:	€ 0,20
50 g Butter:	€ 0,50
Tiefkühlbeeren:	€ 2,50

Gesamt: ______

Macht eine Rezepte-Tauschbörse und tauscht eure Lieblingsrezepte aus!

5. Suche die Wörter (Zutaten für Palatschinken)! Einige Wörter sind doppelt versteckt.

H	E	I	D	E	L	B	E	E	R	E	N	B
M	S	A	L	Z	A	B	M	E	I	E	R	U
E	I	E	R	B	U	T	T	E	R	L	C	T
H	D	L	B	U	T	T	E	R	H	E	F	T
L	Z	U	C	K	E	R	G	E	H	L	J	E
S	A	L	Z	H	M	I	L	C	H	C	H	R

6. Schnelllese-Übung
Lies die „kleinen" Wörter so schnell du kannst!

wer	habe	kann	dies	und
wird	ihre	gut	bitte	doch
auch	bitte	eure	darf	warm
wenn	denn	war	schon	beide
dass	alle	macht	unter	klein

Lösung: siehe Seite 122

Übung 2. Lustige Figuren

(Bastelanleitung)

Beim nächsten Mal, wenn du ein Zimmer für deinen Geburtstag schmückst, setze doch ein paar reisgefüllte Figuren zwischen die Ballons. Man braucht sie nur anzustoßen, und sie wackeln schön albern herum!

Das brauchst du:

- 2 Luftballons
- eine kleine Schüssel Reis
- Bastelkarton
- Wollreste
- Kleber, Schere
- einen schwarzen Filzstift

Alles was lustig, komisch oder absurd ist, merken wir uns viel besser!

Fülle so viel Reis in die Luftballons, dass die runden Blasen ganz voll sind.

Luftballons aufblasen und verknoten. Mit Hilfe einer Tasse für jeden Ballon 2 Kreise auf Bastelkarton malen, ausschneiden.

 ST 1, 2, 3; ST (H) 1

3

Auf 2 Pappkreise malst du Gesichter. Dann schneidest du jeden Kreis an der Kante unterm Mund ein paar Mal ein.

4

Kopfhälften bis auf Einschnitte zusammenkleben, über Ballonknoten kleben. Wollhaare befestigen.

Noch was Tolles!

Dieser Vierbeiner entsteht, wenn du einen Luftballon mit Reis füllst und nur leicht aufbläst, so dass vorne eine kleine Schnauze bleibt.

Aus Bastelkarton schneidest du 4 Beine aus und klebst sie fest. Das Gesicht malst du auf.

Quelle: Lustiger Partyspaß, Basteln für Kinder, Schwager & Steinlein Verlag GmbH, 50996 Köln 2005.

Übung 3. Gummibärli

Vor dem Lesen:

A. Wozu dient dieser Text?

a] zur Information ☐ b] zur Unterhaltung ☐

B. Welche Lesestrategie wirst du anwenden?

a] Text überfliegen ☐ b] Text genau lesen ☐

Gummibärli

Wenn du das Rezept ausprobieren willst, benötigst du kleine Bärenförmchen. Du kannst aber auch andere Förmchen verwenden.

Blattgelatine

Woraus bestehen die Bärli?

In der Hauptsache bestehen sie aus Gelatine. Erhitzt man Gelatine auf 80 ° C, wird es dünnflüssig, lässt man es auskühlen, wird es wieder fest. Wichtig ist es, 80 ° nicht zu überschreiten, sonst wird die Gelatine zerstört.

Rezept für Gummibärli

120 g Gelatineblätter in kaltem Wasser einweichen. Inzwischen 300 ml Fruchtsirup erwärmen (nicht kochen!). 125 ml Wasser, 5 EL Honig, 300 g Zucker und 2 EL Zitronensaft erhitzen. Gelatine aus dem kalten Wasser nehmen, ausdrücken und einrühren. Lösung etwas abkühlen lassen und in den Sirup gießen. Förmchen kalt ausspülen, Flüssigkeit einfüllen. Bärli im Kühlschrank fest werden lassen. Oder: Flüssigkeit in eine flache Schale gießen (ca. 2 cm hoch) und im Kühlschrank fest werden lassen. Bärli-Masse herausstürzen, Bären oder andere Figuren ausstechen.

Gummibären-Cocktail[1]

3 Blatt Gelatine klein schneiden, mit 3 EL Fruchtsirup in ein Achtelliter-Glas geben. Mit heißem Wasser aus der Leitung aufgießen und kräftig umrühren, bis sich die Gelatine aufgelöst hat. Das Glas in den Kühlschrank stellen und warten, bis die Flüssigkeit fest wird. Viel Spaß!

[1] Cocktail = *Mischung von Getränken*

Text gekürzt aus: Prof. Werner Gruber in Kindergusto 2006; Gusto 9, 2006.

Lösung: siehe Seite 122

Übung 4. Frohe Weihnachten, Schneemann!

Kurz vor Weihnachten bekommt der Schneemann Besuch. Seine Freunde – der Bär, das Reh und der Hase – laufen zu ihm an den Waldrand. „Was wünscht ihr euch zu Weihnachten?“, fragt der Schneemann. Der Bär brummt: „Einen Topf Honig, damit ich im Winter nicht so oft aus meiner warmen Höhle raus muss.“ Das Reh antwortet: „Ich wünsche mir einen Berg Heu, damit ich nicht so viel rumlaufen und dauernd nach Futter suchen muss.“ „Und ich wünsche mir ganz viele Karotten, die mir direkt in den Mund fliegen“, sagt der Hase. Der Schneemann seufzt. „Was hast du?“, fragt das Reh. Der Schneemann seufzt noch mal. „Ihr habt es gut! Ich würde alles drum geben, laufen zu können wie ihr. Ich hab noch nie das Dorf gesehen. Dort wohnen die Kinder, die mich gebaut haben. Die würde ich so gerne besuchen und zusehen, wie sie Weihnachten feiern. Aber das geht ja leider nicht.“

Wenn du Zeichnungen zu einem Textinhalt anfertigst, merkst du dir den Textinhalt viel besser!

Am 24. Dezember bereiten Bär, Reh und Hase alles für das große Fest vor. Der Bär trägt zusammen mit dem Reh eine Krippe mit ganz viel Heu und Karotten zum Schneemann. Und der Hase zieht einen Topf mit Honig hinter sich her. Zu dritt stecken sie Fackeln in den Waldboden. Als alles fertig ist, brummen, röhren und pfeifen sie dem Schneemann ein Weihnachtslied vor. „Danke!“, sagt der Schneemann. „Das habt ihr toll gemacht. Kann ich auch was von dem Honig haben?“

„Klar“, antwortet der Bär. „Aber erst haben wir noch ein Geschenk für dich.“ „Ein Geschenk?“, fragt der Schneemann verwundert. Der Hase grinst. „Sieh mal in der Krippe nach!“ Unter dem Heu ist etwas ganz Hartes. Ein breites, gebogenes Brett mit kunterbunten Streifen drauf.

„Was ist das?“, fragt der Schneemann. „Ein Snowboard[1]“, antwortet das Reh. „Damit fahren wir dich jetzt ins Dorf …

Textausschnitt aus Henriette Wich, Anne Ebert „Meine allerschönsten Advents- und Weihnachtsgeschichten“, Egmont Franz Schneider Verlag GmbH, München 2002.

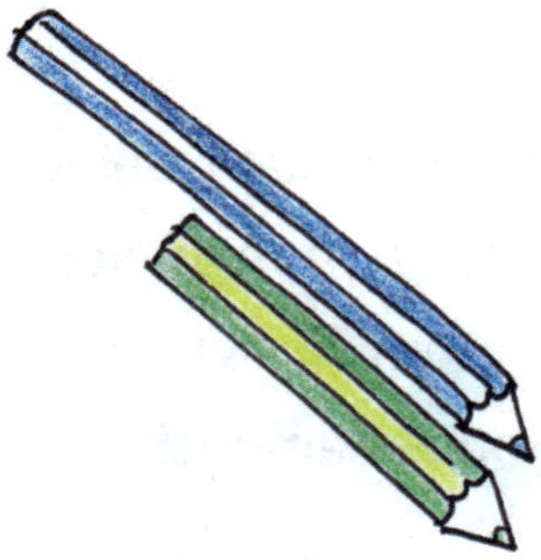

1. Wer besucht den Schneemann?

a] der Bär, das Reh und der Fuchs ☐

b] der Bär, der Hase und das Wildschwein ☐

c] der Bär, das Reh und der Hase ☐

d] der Hase, der Fuchs und das Eichhörnchen ☐

2. Wer wünscht sich einen Topf Honig?

a] der Hase ☐

b] der Bär ☐

c] der Schneemann ☐

d] das Reh ☐

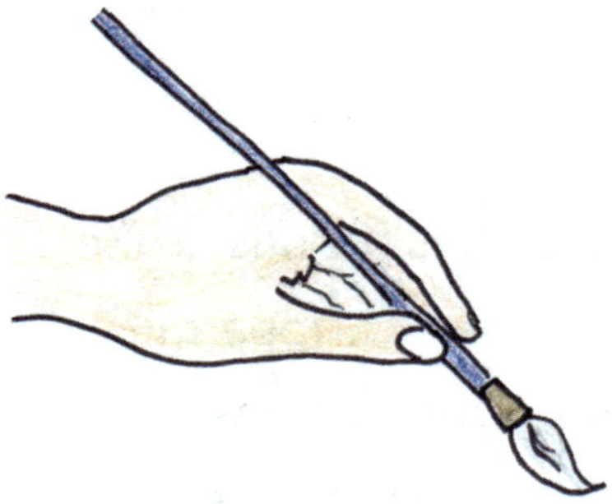

3. Wie könnte die Geschichte weitergehen? Erzähle oder schreibe eine Fortsetzung!

4. Male ein Bild zu der Geschichte!

Lösung: siehe Seite 122

Textverständnis, Konzentration

Übung 1. **Die liegende Acht**

Du überspringst beim Lesen Wörter und verlierst leicht den Faden? Du kannst dich beim Schreiben nicht so gut konzentrieren? Versuch mal die folgenden Übungen!

Die liegende Acht

Beginne mit der linken Hand und fahre vom Mittelpunkt der Acht aus nach links oben.

Folge mit deinen Augen der Bewegung deiner Hand. Zeichne die Acht mit jeder Hand dreimal, dann dreimal mit beiden Händen zusammen!

Beidhändig zeichnen

Zeichne auf einer Tafel, auf einem großen oder kleinen Blatt Papier. Stelle oder setze dich mitten vor die Malfläche und zeichne links und rechts gleichzeitig (spiegelbildlich) die gleichen Figuren. Richte deine Augen so aus, dass du gleichzeitig sehen kannst, was du links und was du rechts zeichnest.

Durch diese Übungen kannst du leichter und konzentrierter lesen und schreiben!

Quelle: Gail E. und Paul E. Dennison, Brain Gym ® für Kinder, VAK Verlags GmbH, 2006.

Übung 2. **Überkreuzbewegungen**

Jeder Mensch besitzt zwei Gehirnhälften. Dabei steuert die linke Gehirnhälfte die Bewegungen der rechten Körperhälfte, die rechte Gehirnhälfte steuert jene der linken Seite. Wir können dann am besten lernen, wenn beide Hälften gut zusammenarbeiten. Werden nun gleichzeitig linkes Bein und rechter Arm bewegt und umgekehrt, wie wir das bei den Überkreuzbewegungen machen, schalten die beiden Gehirnhälften zusammen und sorgen so dafür, dass du konzentriert lernen und lesen kannst.

Gehe, hüpfe oder tanze zu Musik. Bewege dich vorwärts, seitwärts oder rückwärts oder marschiere auf der Stelle! Bewege dabei aber immer den rechten Arm zusammen mit dem linken Bein bzw. den linken Arm mit dem rechten Bein! Es kommt darauf an, mit diesen Bewegungen immer wieder die Mittellinie des Körpers zu überqueren.

Beispiele für Überkreuzbewegungen:

Schwinge locker Arme und Beine beim Gehen.

Ziehe abwechselnd das rechte Knie zum linken Ellbogen, das linke Knie zum rechten Ellbogen.

Schwinge gleichzeitig den rechten Arm nach rechts, das linke Bein nach links und umgekehrt

Überkreuzbewegung im Sitzen: Führe abwechselnd die rechte Hand zum linken Knie, und hebe dabei das linke Knie leicht an und umgekehrt!

Quelle: Matthias Lesch, Gabriele Förder, „Kinesiologie", GU Verlag GmbH München, 1994.

Übung 3. **Zungenbrecher**

Lies die folgenden Zungenbrecher so schnell du kannst!

Viel Spaß dabei!

Ein sehr schwer
sehr schnell zu sprechender Spruch
ist ein Schnellsprechspruch.
Auch ein nur schwer
schnell zu sprechender Spruch
heißt Schnellsprechspruch.
Schnellsprechsprüche
spreche ich schwer schnell.

Die Bürsten mit den schwarzen, kurzen Borsten
bürsten besser, als die Bürsten mit den
weißen Borsten bürsten. Am besten jedoch
bürsten die Bürsten mit den braunen, kurzen
Borsten, die noch besser als die Bürsten
mit blauen, kurzen Borsten bürsten.

Zehn zerquetschte Zwetschken
und zwanzig zerquetschte Zwetschken
ergeben dreißig zerquetschte Zwetschken.

Der Holzklotz kostet nichts,
weil der Holzklotz nichts kostet.
Und weil der Holzklotz nichts kostet,
ist der Holzklotz kostenlos.

Schwarze Schmeißfliege frisst frisches Fischfleisch.
Frisches Fischfleisch frisst schwarze Schmeißfliege.

aus „Zwölf zünftige Zipfelmützenzwerge", Bernd Brucker, Gondrom Verlag.

Übung 4. Rätselcomic

1. Lies, schau genau und löse das Rätsel!

Hallo? Ist hier jemand?
Keuch! Kann ich Ihnen helfen?
Ah, da sind Sie ja endlich!
Ich hätte gerne eine Limonade.
Tut mir leid, Limo ist ausverkauft.
Schade! Na dann nehm ich eben einen Saft.
Mal sehen, was wir noch dahaben!
Komischer Laden! Nur eine Dose Wasser hatte er auf Lager.
Bald ...
Meine Güte! Jetzt begreife ich!
Kommissar Heinz, es war kein Fehlalarm! Los, schnell zurück in die Bank!
LEBENSMIT

1. Fragen zum Text:

a] Warum sind der Kommissar und Inspektor Klug in der Bank?

b] Was soll gestohlen werden?

c] Wie heißt der Kommissar?

d] Wie dick sind die Wände des Tresorraumes?

e] Was will Inspektor Klug kaufen?

2. Weshalb glaubt Inspektor Klug, dass die Bank doch ausgeraubt werden soll? Begründe deine Antwort!

3. Jetzt wird es schwierig! Beantworte nun die folgenden Detailfragen zu den Bildern, natürlich ohne nachzusehen!

a] Was trägt Inspektor Klug?

b] Welche Farbe hat das Hemd von Kommissar Heinz?

c] Vor dem Lebensmittelgeschäft steht ein Auto. Welche Farbe hat es?

Lösung: siehe Seite 123

BIST ST 1, 2, 3, 4, 5

Übungen mit dem Wörterbuch

Übung 1. Wörter ordnen und im Wörterbuch suchen

Du sollst Sicherheit und Routine beim Nachschlagen erlangen, damit du diese Arbeitstechnik selbstverständlich anwenden kannst, um Rechtschreibprobleme selbstständig zu lösen. Hier findest du Übungen zur Vertiefung des Umgangs mit dem Wörterbuch. Diese Nachschlagetechnik kannst du auf andere Nachschlagewerke übertragen.

Fangen wir mit einer ganz einfachen Übung an. Das Ordnen von Buchstaben und Wörtern nach dem Alphabet ist die Voraussetzung für die Arbeit mit dem Wörterbuch.

Die Buchstaben ä, ö, ü und ß stehen an derselben Stelle wie a, o, u, ss, wobei ss vor ß steht: sägen findest du nach sagen, wählen steht nach Wahl.

1. Ordne die Wörter nach dem Erst-, Zweit- und Drittbuchstaben.

Beliebte Vornamen:

_____ Helmut	_____ Stephanie	_____ Martina
_____ Maria	_____ Simon	_____ Theresa
_____ Oliver	_____ Paul	_____ Alex
_____ Andreas	_____ Kathi	_____ Claudia
_____ Robert	_____ Ali	_____ Jürgen
_____ Felix	_____ Matthias	_____ Anna

2. Im Wörterbuch stehen die Zeitwörter (Tunwörter) immer in der Grund- oder Nennform. Wenn du das Wort „schnitt“ suchst, musst du bei „schneiden“ nachsehen. Wie lautet bei nachfolgenden Wörtern die Grund- bzw. Nennform?

schnitt - schneiden

schlief - _______________

aß - ____________________

rief - ____________________

kam - ____________________

gesungen - ____________________

gelaufen - ____________________

brachte - ____________________

3. Suche in deinem Wörterbuch immer fünf Wörter, die wie folgt anfangen:

Schwe... schwe...	Leh... leh...	Schl... schl...	Gro... gro...	Kr... kr...
Schwester				
schwer				

4. Wortfamilien
Wörter einer Wortfamilie sind immer an einer Stelle im Wörterbuch zu finden. Auch diese Wörter sind nach dem Alphabet geordnet.

Suche je vier zusammengesetzte Wörter mit:

Haus: Haustür – Haustor – Hausfrau - Hausmann

Schul: ____________________

Auto: ____________________

Kurze Lerneinheiten mehrmals am Tag bringen mehr als stundenlanges Pauken.

Garten: ____________________

Stadt: ____________________

Buch: ____________________

Geld: ____________________

5. Suche die folgenden Wörter im Wörterbuch! Wie teilt man sie richtig ab?

gelingen: ____________________

geladen: ____________________

Lüge: ____________________

Geld: ____________________

losfahren: ____________________

Monster: ____________________

Moment: ____________________

Geist: ____________________

backen: ____________________

Mittag: ____________________

Mütze: ____________________

Auch wie ein Wort richtig abgeteilt werden kann, verrät dir das Wörterbuch! z. B. sit|zen

Lösung: siehe Seite 122

Übung 2. **Bedeutungsgleiche Wörter**

Für jedes Wort gibt es auch andere Wörter, die die gleiche Bedeutung haben.

1. Hier war der Fehlerteufel am Werk und hat Wörter dazu gemischt, die jedoch nicht die gleiche Bedeutung wie das Ausgangswort haben. Welches Wort passt nicht? In jeder Zeile ist ein Wort falsch. Finde es und streiche es durch!

a] sagen

quasseln | trinken | reden | schildern | erzählen

b] etwas laut sagen

schreien | plärren | brüllen | murmeln | kreischen

c] etwas leise sagen

wispern | flüstern | hauchen | tuscheln | fluchen

d] etwas unglücklich sagen

jammern | schluchzen | stöhnen | klagen | loben

2.

a] sehen

gucken | schauen | gaffen | schlafen | starren

b] sich etwas genau ansehen

beobachten | studieren | prüfen | untersuchen | zwinkern

3.

a] dumm

einfältig | unbegabt | gescheit | begriffsstützig

b] leise

still | ruhig | lärmend | geräuschlos

c] laut

unüberhörbar | ohrenbetäubend | lautstark | kaputt

d] mutig

unglücklich | tapfer | kühn | furchtlos

e] ängstlich

feige | furchtsam | stark | verängstigt

f] glücklich

froh | vergnügt | einsam | fröhlich

g] schön

hübsch | fad | reizend | elegant

4. Sucht euch zehn Wörter aus und bildet Sätze!

Lösung: siehe Seite 123

Übung 3. **Die Weihnachtsüberraschung**

Nicht alle Wörter stehen im österreichischen Wörterbuch. Bei Fremdwörtern benötigst du ein Fremdwörterbuch!

1. Lies den Text durch, ohne dich bei Wörtern aufzuhalten, deren Sinn du nicht verstehst. Versuche im Zusammenhang zu erkennen, was diese Wörter bedeuten könnten.

2. Lies den Text ein zweites Mal. Schlage die Bedeutung aller Wörter, die unterstrichen sind, und aller Wörter, deren Sinn du nicht kennst, im Wörterbuch nach.

Unsere Oma kam zweimal im Jahr zu Besuch. Einmal zu Ostern und einmal zu Weihnachten. Jetzt war es wieder so weit. Das Weihnachtsfest stand vor der Tür, wir hatten schon 20 Türchen unseres Adventkalenders aufgemacht und das Christkind würde nicht mehr lange auf sich warten lassen - endlich. Es war jedes Jahr dasselbe. Die Adventzeit dauerte einfach zu lange.

Alle freuten sich, wenn Oma kam. Sie war eine liebenswürdige Person. Selbst der Herr Bürgermeister war von ihrem Charme angetan. Oma hatte eine Vorliebe für Hüte und immer wenn sie kam, brachte sie einige besondere Exemplare mit.

„Probier doch auch einmal einen von meinen schönen Hüten", meinte sie zu Kurt und hielt ihm einen besonders hässlichen grünen Hut unter die Nase. Das Exemplar war mit bunten Federn geschmückt. Kurt starrte zunächst den Hut und dann Oma fassungslos an. Schließlich rannte er schnell davon. War Oma denn verrückt geworden?

Oma war indes sehr zufrieden mit sich. Das war eine geniale Idee, um Kurt los zu werden. Sie konnte sich ein Kichern nicht verkneifen. Er war doch tatsächlich auf ihren kleinen Trick reingefallen.

Oma konnte jetzt Kurt nicht gebrauchen, denn sie musste die

Überraschung für das Weihnachtsfest in Sicherheit bringen. Sie hatte nämlich eine besonders schöne Spieluhr gekauft. Sie spielte das Lied „Stille Nacht, heilige Nacht", während eine Herde Schafe rund um die Krippe mit dem Jesuskind und Maria und Josef lief.

Oma entschied sich dafür, die Spieluhr im Wäscheschrank unter den Unterhosen zu verstecken. Hier würde sicher niemand danach suchen. Die Tage vergingen und schließlich war er gekommen, der heilige Abend. Wir gingen zur Abendmette. Oma trug an diesem besonderen Tag auch einen ihrer besonderen Hüte. Dieses Modell schockierte selbst Mama. Man sah es ihr an. Betroffen betrachtete sie Oma, wie sie vor ihr stand und ihr die Sicht mit ihrem monströsen Hut versperrte. „Lass sie doch, wenn es ihr Spaß macht", flüstere ihr Papa zu. Er fand die Hüte samt Oma lustig und es machte ihm überhaupt nichts aus, dass sie mit Oma, egal wo sie hinkamen, immer augenblicklich auffielen. Die verdutzten Gesichter der Leute amüsierten ihn sogar prächtig.

Später fiel Oma wieder ein, dass sie ja eine Überraschung mitgebracht hatte und ging in ihr Zimmer. „Ich komm gleich wieder", verkündete sie geheimnisvoll und schwebte mit ihrem Hut davon.

Alle standen erwartungsvoll im Wohnzimmer. Oma zog die Spieluhr auf und - nichts geschah. Es erklang kein „Stille Nacht, heilige Nacht" und auch lief keine Schafherde rund um das Jesuskind. Die Spieluhr gab keinen Mucks von sich. Oma wurde trotz ihres Alters feuerrot vor Verlegenheit im Gesicht. Jetzt starrte sie die Spieluhr vorwurfsvoll an, so als würde das etwas nützen. „Das macht doch nichts", trösteten wir sie. Doch Oma wollte davon nichts hören. Sie schüttelte die Spieluhr eifrig durch, klopfte energisch darauf, stellte sie schwungvoll auf den Kopf und schließlich mit einem lauten Knall auf den Tisch zurück. Und als hätte die Spieluhr ein Einsehen, schließlich war ja Weihnachten, fing sie an, „Stille Nacht, heilige Nacht“ zu spielen und die Schafe setzen sich in Bewegung und liefen rund um die Weihnachtskrippe und Maria und Josef.

„Ha, sie geht wieder!“, rief Oma erfreut. Sie war mächtig stolz auf die gelungene Wiederbelebung der Spieluhr.

Ob hier wohl das Christkind ein wenig nachgeholfen hat?

1. Nun schlage die Bedeutung der färbig geschriebenen Wörter im Text im Wörterbuch nach und schreibe sie auf die jeweiligen Linien!

Lies deine Texte von hinten nach vorne durch!
So siehst du die Fehler besser!

2. a] So viele verschiedene Wörter für sagen. Kennst du alle Wörter? Drei Wörter passen nicht. Finde sie und streiche sie durch!

b] Welche Wörter kannst du verwenden, wenn jemand etwas sehr laut sagt:

erzählen	reden	plappern
prahlen	murren	drohen
motzen	schreiben	stammeln
träumen	munkeln	wispern
maulen	tratschen	kreischen
stöhnen	brüllen	grölen
wettern	donnern	protestieren
schelten	rufen	schreien
quengeln	lärmen	helfen
nuscheln	flüstern	raunen

kreischen, ______________________________

____

____

____

____

____

____

Lösung: siehe Seite 123

Merke dir diese Eselsbrücke: Jeder Herr und jede Frau schreibt ver und vor mit Vogel-V!

Übung 4. **Es gibt immer eine Lösung**

1. Die färbig geschriebenen Wörter im Text sind falsch geschrieben. Streiche die falsche Schreibweise durch und schreibe die richtige Schreibweise an den Seitenrand. Benutze ein Wörterbuch und hebe die Besonderheit in der Schreibweise hervor.

Z. B. so: ~~ferschwindet~~ verschwindet

Klaus kommt von der Schule heim. Er fetzt seine Schultasche in die nächste Ecke. Er ist nämlich stinksauer. Nicht einmal ein Hallo hat er für seine Mama übrig. Die wundert sich nicht schlecht. „Was ist denn mit dir los?“

Klaus brummelt nur unfreundlich einen Gruss vor sich hin und verschwindet in seinem Zimmer. Die Tür knallt er lautstark zu. Damit dämonstriert er, dass er seine Ruhe haben will. „Kommst du essen?“, fragt seine Mama nach einer Weile. „Ich hab keinen Hunger!“, antwortet Klaus mürrisch. Jetzt wird es aber der Mama zu viel. „Du kommst sofort aus deinem Zimmer heraus und benimmst dich ordentlich!“, sagt sie streng. „Meine Geduld ist am Ende. Schliesslich kann ich auch nichts dafür, wenn du einen schlimmen Tag erlebt hast!“ Klaus sieht ein, dass seine Mama eigentlich gar nichts dafür kann, dass er sich so mieserabel fühlt, aber er kann einfach nicht anders. Er muss sich irgendwie abreagieren. Schließlich siegt doch der Hunger und Klaus kommt zum Essen. Noch immer redet er nicht. Mama redet auch nicht. Schweigend sitzen sie beisammen und hängen ihren Gedanken nach. Nur hin und wieder wirft die Mutter einen nachdenklichen Blick auf

Klaus. „Willst du mir denn nicht erzählen, was los ist?“, fragt sie schließlich. „Was betrückt dich denn?“ Klaus will zunächst nichts sagen, aber dann bricht es doch aus ihm hervor und zwar gleich so, dass dicke Tränen über seine Wangen kullern. „Jochen hat mir meine Füllfeder weggenommen“, erzählt er stockend, „und ich konnte die Übung nicht fertig schreiben. Und dann, und dann“, Klaus kann kaum sprechen, weil er so viel schluchzt. Die Mama gibt ihm ein Taschentuch und Klaus schneuzt sich einmal kräftig. „Komm her“, sagt Mama liebevoll und nimmt ihn in die Arme. „Was ist dann paßiert?, fragt sie nach. „Jedenfalls hat es dann geläutet und ich war natürlich noch nicht mit dem Schreiben fertig. Und dann hat die Lehrerin gesagt, alle, die mit der Übung nicht fertig geworden sind, müssen sie zu Hause fertig schreiben.“ Klaus erzählt noch immer stockend, weil er sich so bemüht, dass er nicht wieder weinen muss. „Jedenfalls habe ich jetzt so viel Hausübung, dass ich wohl nie damit fertig werde, wo doch heute das Fußball-treining ist.“ Jetzt heult Klaus doch wieder. Er wundert sich schon selbst, dass er noch so viele Tränen übrig hat. „Hat Jochen dir denn die Füllfeder wieder zurück gegeben?“, will Mama wißen. Klaus nickt.

„Hmm“, macht Mama nachdenklich. „Du hast also sehr viel Hausübung, die du bis morgen erledigen musst. Du willst aber auch zum Fußballtraining. Tja, Klaus, nun mußt du dir eine Lösung überlegen. Wie gehst du vor?“ Klaus überlegt. „Soll ich etwa das Training ausfallen lassen?“ Aber Klaus gefällt diese Idee gar nicht und er schüttelt heftig den Kopf. Es musste ihm eine bessere Lösung einfallen. „Und wenn ich heute besonders schnell schreibe?“, überlegt er weiter. Aber Klaus weiss selbst, dass er gar nicht so schnell schreiben kann. „Und wenn ich Clemens frage, ob er mir beim Schreiben hilft? Oder wenn ich einfach morgen sage, dass ich meine Hausübung vergessen habe?“ Aber das will Klaus irgendwie auch nicht und Mama würde es sowieso nicht erlauben. „Hmm“, macht Klaus nachdenklich. So schnell giebt er nicht auf. Nach einer Weile hat er die rettende Idde. „Ich werde den Trainer anrufen und ihm sagen, dass ich erst nach dem Aufwärmtraining komme. Wenn ich zum Fußballplatz laufe, bin ich auch aufgewärmt und kann gleich mit dem Spielen beginnen. Die Dehnungsübungen zum Schluß lasse ich auch sausen. Der Trainer wird das sicher verstehen, wenn ich ihm die Sachlage erkläre. So gewinne ich eine Stunde Zeit. Die müsste eigentlich reichen, um alle Aufgaben zu erledigen. Ja, so könnte es gehen." Klaus spürt, wie wilde Freude in ihm aufsteigt und stührmt gleich zu seiner Mama, um ihr seine Lösung zu erzählen.

Klebe dir ein Buchstabenregister in dein Wörterbuch, das erleichtert die Suche!

2. a] So viele verschiedene Wörter für sehen. Kennst du alle Wörter? Zwei Wörter passen nicht. Finde sie und streiche sie durch!

schauen	erspähen	besichtigen
schielen	betrachten	verstehen
sichten	blicken	erkennen
stürmen	registrieren	wahrnehmen
glotzen	äugen	gaffen
gucken	blinzeln	bestaunen

b] Genau anschauen: Welche drei Wörter passen hier nicht dazu?

bewundern	begutachten	mustern
starren	stieren	rechnen
prüfen	studieren	schreiben
fixieren	schießen	beobachten
bespitzeln	belauern	

Lösung: siehe Seite 123

Übung 5. **Chamäleons – kleine Drachen**

(Sachtext)

Vor dem Lesen:

A. Wozu dient dieser Text?

a] zur Information ☐ b] zur Unterhaltung ☐

B. Welche Lesestrategie wirst du anwenden?

a] Text überfliegen ☐ b] Text genau lesen ☐

1. a] Überfliege zunächst den Text.

b] Schnelltest: Was hast du dir beim Überfliegen des Textes gemerkt?

Das Gehirn will Abwechslung beim Lernen. Wechsle den Lernstoff, die Lautstärke, die Umgebung …

Das Chamäleon ist der bunte Vogel unter den Echsen. Keine Art ist so bekannt wie diese – und über keine wissen wir so viel. Ihre Zunge ist klebrig. Als Lauerjäger warten sie stundenlang auf ihre Beute. Die Farbe wechseln sie zur Tarnung.
All das ist sehr interessant, leider aber nicht ganz richtig.

Zungenschuss

Es stimmt. Chamäleons haben eine lange Zunge. Bei Bedarf schleudern sie diese blitzschnell Richtung Opfer. Bei manchen Arten ist sie sogar fast so lang wie der Körper. Innerhalb von Sekundenbruchteilen wird die Beute „gedeckelt", das heißt, ganz von der Zunge umschlossen. Gleich darauf schnalzt sie wieder zurück. Vorher wird beobachtet: Chamäleons können noch Dinge in einem Kilometer Entfernung scharf sehen.

Weil sie sich nicht so schnell fortbewegen können, ist dieser Vorsprung lebenswichtig; Gefahren werden früh erkannt. Meist bewegen sich die Augen der Chamäleons unabhängig voneinander. Erst wenn ein Opfer gefunden wurde – eine Schnecke oder ein Insekt – bekommt es die ungeteilte Aufmerksamkeit beider Augen. Langsam, kaum merklich, schleicht sich das Chamäleon an.

Farbwechsel und Haltung

Über die berühmten Farbwechsel wird kommuniziert. So werden manche Arten rot, wenn sie sich paaren wollen – andere wiederum ärgern sich tatsächlich schwarz. Tarnung spielt eine geringere Rolle.

Die Haltung eines kleinen Drachen verlangt einen hohen Preis. Ein großes, sehr hohes Terrarium samt spezieller UV-Lampe und zeitgesteuerter Heizung ist die Grundausstattung. Das Terrarium soll eine hohe Luftfeuchtigkeit aufweisen. Häufig müssen zur Ernährung zusätzlich Insekten gehalten und Mineralstoffmischungen gekauft werden. Keine einfache Sache also: Besser, man lässt die Tiere in ihrer natürlichen Umgebung leben. Chamäleons in Gefangenschaft werden drei bis fünf Jahre alt.

aus: „TOPIC“, das junge Magazin, Heft 182, Februar 2007.

Bewegung ist nicht nur gesund, sondern macht auch schlau!

2. Was bedeuten folgende Wörter? Schlage im Wörterbuch nach!

a] Tarnung ____________________

b] Terrarium ____________________

c] schleudern ____________________

d] Beute ____________________

e] Vorsprung ____________________

3. Kannst du die folgenden Wörter durch ihre Zusammensetzung erklären? Beispiel:

Zungenschuss besteht aus „Zunge“ und „Schuss“.
Die Beute wird mit der Zunge ganz schnell „geschossen“.

Lauerjäger ________ und ________

Grundausstattung ________ und ________

Vorsprung ________ und ________

Mineralstoffmischung ________ und ________

Sekundenbruchteil ________ und ________

Luftfeuchtigkeit ________ und ________

Teile deinen Stoff in kleine Lerneinheiten und schreibe ihn auf Lern- oder Karteikärtchen. Diese kleinen Lernhappen lernst du viel schneller und leichter!

4. Wo muss man im Wörterbuch nachschauen, um das Wort „stundenlang“ zu finden?

____

____

____

5. Finde zusammengesetzte Wörter mit „Stunden-“

____

____

____

6. Was wird über Chamäleons erzählt und ist nicht ganz richtig?

____

____

____

Lösung: siehe Seite 124

Übung 6. Lisztaffen

(Brandon Walder)

Lisztaffe

Länge: um die 30 cm

Gewicht: bis zu 450 g

Nahrung: Früchte, Blätter, Samen, Insekten, Spinnen, Vogeleier, Vögel, Echsen, Baumfrösche, Mäuse

Verbreitung: ausschließlich an den Rändern der nordwestlichen Regenwälder Kolumbiens

Lebenserwartung: über zehn Jahre

Die Heimat der Lisztaffen ist Kolumbien. Das liegt in Südamerika.

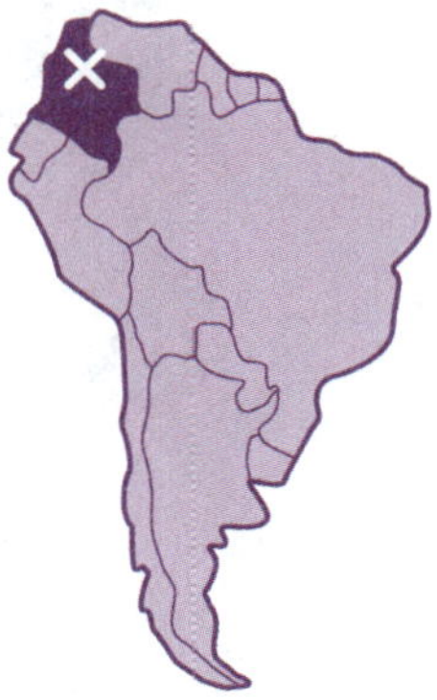

Schon die Kleinen sehen aus wie Greise: schneeweiße Haare, tief liegende Augen, das eingefallene apfelförmige Gesichtchen. Und wenn diese jungen Äffchen im Alter von zwei, drei Wochen dann ihre ersten Schritte machen, könnte man glauben, dass es ihre letzten Schritte sind.

Ihr schriller Schrei ist aber voll von Leben – und ein wenig Unsicherheit: Mit ihm sichert sich das Äffchen die Aufmerksamkeit der Verwandten, falls etwas schief gehen sollte.

Die Lisztäffchen leben in Gruppen von drei bis elf Tieren zusammen. Die tagaktiven Tiere beginnen ihre Jagd schon im Morgengrauen. Meistens fressen sie Früchte und Samen

der Bäume. Hie und da aber auch Insekten, Echsen und kleinere Frösche. Sind sie dann durstig, müssen sie nicht zu Pfützen oder Bächen klettern: Sie lecken den Tau gleich von den Blättern.

Zwitschern im Geäst

Eine Vielzahl an Lauten steht ihnen dabei zur Verfügung: Sie verständigen sich durch Trällern, Trillern, Zwitschern, Zischen und etwas, was dem Jodeln sehr nahe kommt. Davon abgesehen ist bei ihnen auch das Mienenspiel, also was sie mit ihren Gesichtern ausdrücken können, sehr ausgeprägt. Während der ersten Zeit lernen sie ihren Lebensraum auf dem Rücken ihrer Väter kennen. Dabei wird auch gleich der familieneigene Geruch, der das Revier markiert, erschnuppert.

Der Klügere gibt nach

Natürlich geht es bei ihnen aber nicht immer so friedlich zu. Äffchen gleichen Geschlechts etwa tyrannisieren einander, bis der Rang in der Gruppe bestimmt ist. Wenn sie sich mit flötenden Lauten gegenseitig aufgebracht haben, rasen sie, die weißen Haare aufgestellt, Zähne gefletscht, kreischend aufeinander zu. Meistens hat einer der beiden dann schon Angst genug und beendet den Streit wir finden: der Klügere. Ihren Namen haben sie übrigens der Ähnlichkeit ihrer Haartracht mit der des ungarischen Komponisten Franz Liszt zu verdanken. Zumindest sahen das vor 200 Jahren die Forscher so, die die ersten Äffchen in Südamerika entdeckten. Heute würden die Lisztaffen sicher anders genannt werden. Die Tiere sind mittlerweile auf jeden Fall sehr selten und vom Aussterben bedroht.

Wiederhole Lernstoff! Durch die Wiederholung gelangt das Gelernte ins Langzeitgedächtnis.

Aus: Topic, Heft 182, Februar 2007.

1. Was versteht man unter folgenden Wörtern? Benutze das Wörterbuch und ergänze wenn möglich die Artikel!

Artikel	Wort	Bedeutung
Das	Geäst	
	jodeln	
	Mienenspiel	
	Revier	
	tagaktive Tiere	
	Pfützen	
	Tau	
	tyrannisieren	
	Rang	
	Haartracht	

2. Fasse den Text in ein bis zwei Sätzen zusammen!

____

____

____

____

3. Schnellleseübung: Lies die Wörter, so schnell du kannst!

trällern – Tralala – trillern – tirilieren – zwitschern – Zwetschke – zwingen – zischen – zirpen – zwicken – zwängen – Zwang – zupfen – Zipfelmütze

Lösung: siehe Seite 124

Übung 7. **Umgang mit dem Internet**

Kennst du dich schon ein bisschen mit dem Internet aus?
Hier sind wichtige Begriffe kurz erklärt:

Internet:
Das Internet ist ein weltweites Computernetzwerk, das Millionen von Computern miteinander verbindet.

Internetadresse:
Jeder Anbieter hat eine eigene Adresse im Internet.
Die Adressen im Internet beginnen meist mit http://www.

„http" heißt HyperTextTransfer-Protokoll. Dies ist das Standardverfahren, mit dem Seiten aus dem WWW geholt werden. „http" fügt das Computerprogramm automatisch dazu und braucht nicht eingegeben zu werden.

„www" steht für world wide web und heißt übersetzt „weltweites Datennetz". Dadurch weiß der Computer, dass eine Internet-Adresse gemeint ist.

Danach kommt der Name der Seite wie z. B. http://www.kidsweb. mit einem Punkt als Abschlusszeichen.

Danach kommt die Angabe, in welchem Land sich der Computer befindet, auf dem diese Seite zu finden ist:

http://www.kidsweb.at: at steht für Austria (de steht für Deutschland)

surfen:
Wenn du dir im Internet die verschiedenen Seiten ansiehst und durch die unterschiedlichsten Seiten klickst, sagt man auch „surfen" dazu.

Browser: (englisch; bedeutet: Stöberer)
Der Browser ist das Programm, mit dessen Hilfe du eine Internetseite ansehen kannst. Die bekanntesten Browser sind der „Microsoft Internet Explorer" oder der „Netscape Communicator."

Noch mehr Erklärungen zu Internetbegriffen findest du auf:
www.blinde-kuh.at/internet/
oder
www.internet-abc.de

Internet Explorer:
Der Internet Explorer ist der Browser der Firma Microsoft.

link: (englisch; Verknüpfung)
Links sind Wörter oder Bilder auf Internet-Seiten, die man anklicken kann, um auf eine andere Seite zu gelangen. Hinter den Links verbergen sich Adressen („URLs“). Wenn du mit der Maus über einen Link fährst, verwandelt sich der Mauszeiger in eine Hand.

Suchmaschine:
Eine Suchmaschine hilft dir, Informationen im Internet zu finden. Das ist sehr hilfreich, wenn du die genaue Adresse von einer Seite nicht kennst oder dich einfach mal informieren möchtest, wo es Informationen zu einem bestimmten Thema (z. B. Tiere) gibt.

Gibt man einen Suchbegriff ein, erhält man eine Trefferliste mit Links zum direkten Aufruf der gewünschten Seite.

Es gibt verschiedene Suchmaschinen. Suchmaschinen für Kinder führen dich nur auf Seiten, deren Inhalte für Kinder geeignet sind. Sie heißen z. B.
www.blinde-kuh.at
www.helles-koepfchen.at
www.kidsweb.at
www.trampeltier.de

Homepage:
Die Homepage heißt wörtlich übersetzt „Heim(at)seite“. Jeder Anbieter hat eine eigene Homepage = Adresse im Internet, z. B. www.blinde-kuh.at oder www.thomasbrezina.com

1. Erste Suchübungen:

a] Öffne den Internet Explorer (Browser) und gib im Adressfeld die Adresse der Suchmaschine www.blinde-kuh.at ein!

Sieh dir die erste Seite der Homepage in Ruhe an!
Wo musst du den Suchbegriff eingeben?

b] In Übung Nr. 6 hast du über Lisztaffen gelesen. Suche nun weitere Informationen zu den Liszt-Äffchen! Suchmaschine: www.blinde-kuh.at, Suchbegriff: Lisztaffen

c] Suche nun Informationen zum ungarischen Komponisten Franz Liszt! Suchbegriff: Franz Liszt

2 Hier sind einige interessante Internetadressen für dich! Viel Spaß beim Surfen!

www.die-maus.de

www.kiki.ch

www.kiku.at

www.hamsterkiste.de

www.thomasbrezina.com

Damit Kinder nicht auf Seiten gelangen, deren Inhalt für sie nicht geeignet ist, gibt es eigene Suchmaschinen für Kinder, z. B. www.blinde-kuh.at oder www.helles-koepfchen.at

Durch die Fragen im Kopf suchst du gezielt nach Antworten und liest viel genauer!

Zeitungstexte lesen

Übung 1. **Theoretische Grundlagen**

Wenn du Zeitungstexte liest, solltest du das immer mit der Absicht tun, die wichtigsten Fragen beantworten zu können:

Nutze dazu die W-Fragewörter:

a] **Wo** war das? (Wenn du nicht weißt, wo der Ort liegt, dann sieh auf der Landkarte nach!)

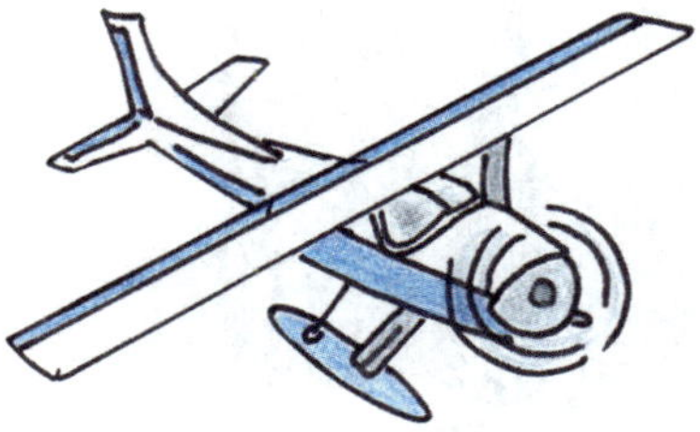

b] **Wer** war daran beteiligt?

c] **Wann** ist das passiert?

d] **Was** ist geschehen?

e] **Welche** Folgen hatte es

Indem du einen Text überfliegst, verschaffst du dir einen ersten Überblick. Das ist ganz wichtig, um Zeit zu sparen und um möglichst schnell viele Informationen durchzuschauen.

Verschaffe dir zunächst einen groben Überblick über den Text!

Lies die Überschrift, sie sagt dir, worum es im Text geht, und alle hervorgehobenen Textstellen.

Überfliege dann den Text, indem du deine Augen, wie bei einem Slalom über den Text schweifen lässt. Diese Technik nennt man Slalomlesen. Dabei erfährst und speicherst du schon die wichtigsten Informationen.

Erst dann, wenn der Text für dich interessant ist, liest du ihn nochmals genau durch!

Wozu einen Text überfliegen?

Du überfliegst einen Text, weil du eine bestimmte Information suchst, z. B. eine bestimmte Fernsehsendung, weil du Zeit sparen willst oder um zu entscheiden:

- ob du den Text überhaupt lesen willst
- ob der Text für dich interessant ist
- ob der Text Antworten liefert auf die Fragen, die du hast.

Übung 2. **Der größte Tintenfisch ging ins Netz**

Neuseeländischen Fischern ist im Februar der vermutlich weltweit größte Fang eines Tintenfisches gelungen. Der riesige Tintenfisch ist etwa 10 Meter lang, wiegt rund 450 Kilo und hat den Durchmesser eines Traktorreifens. Das Tier soll wissenschaftlichen Tests unterzogen werden, um Erkenntnisse über die weitgehend unbekannte Art zu sammeln.

Quelle: Standard, 23. Feb. 2007

1. Wiederhole den Text anhand der Fragen:

Wo? In welchem Land? ______________________

Wer? Wer hat diesen Fund gemacht? ______________

Wann? Wann ist es geschehen? ______________

Was? Was ist geschehen? ______________

Wie? Wie groß ist der Riesentintenfisch? ____________

Erzähle anderen, was du gelesen hast! Dadurch prägt es sich viel besser ein.

2. Liest du auch eine Zeitung? Wenn ja, welche?

Welche Zeitung lesen deine Eltern? Kennst du den Namen?

____

____

Nehmt verschiedene Zeitungen in die Schule mit und seht sie euch an!

Lösung: siehe Seite 124

Übung 3. **Die Gift-Diebin**

Vor dem Lesen:

A. Welche Art von Text ist dieser Zeitungsartikel?

a] Unterhaltungstext ☐ b] Nachrichtentext ☐

Diese Schlange klaut. Und zwar ziemlich frech. Forscher haben jetzt herausgefunden, dass die Tiger-Natter kein eigenes Gift herstellt. Stattdessen futtert sie Kröten und speichert deren Gift in einer Drüse am Nacken selbst ab. Ziemlich gemein: Eigentlich soll das Gift die Kröten vor Feinden schützen, doch der Natter machen die Kröten nichts aus. Der Meisterdieb unter den Schlangen lebt übrigens in Asien: in Japan, Korea, China und Vietnam. Bei uns begegnen wir der Tiger-Natter zum Glück nicht.

Indem du dir überlegst, was du zu einem Thema schon weißt, aktivierst du vorhandenes Wissen.
Du lernst am besten, wenn du neues Wissen mit vorhandenem Wissen verknüpfst.

1. Wiederhole den Text anhand der Fragen:

Wo? In welchem Land? ______________________________

Wer? ______________________________

Was? Was ist geschehen? ______________________________

Wie? ______________________________

2. Was wisst ihr sonst noch über Schlangen? Sammelt euer Wissen in der Klasse!

3. Noch mehr Informationen zu Nattern und anderen Schlangen findest du im Internet.

Mögliche Suchbegriffe: Schlangen, Natter, Riesenschlange, Giftschlange, etc.

Lösung: siehe Seite 124

Übung 4. **Dreck ist super!**

Vor dem Lesen:

A. Welche Art von Text ist dieser Zeitungsartikel?

a] Unterhaltungstext ▢   b] Nachrichtentext ▢

Dass es hin und wieder verdammt Spaß macht, so richtig im Matsch zu wühlen – das wussten wir ja schon längst. Doch jetzt haben britische Forscher ganz wissenschaftlich herausgefunden, dass Schmutz glücklich macht. Schuld daran sind bestimmte Bakterien im Boden. Sie lösen in unserem Körper ein Hormon aus, wodurch wir fröhlich werden. Also: Wenn die Eltern mal wieder motzen, weil du draußen ein wenig dreckig geworden bist – erkläre ihnen einfach, dass wissenschaftlich bewiesen ist, dass du Matsch brauchst, um glücklich zu sein!

aus: P.M. WILLI WILLS WISSEN, Ausgabe 04/2007.

1. Worum geht es in diesem Artikel? Fasse kurz zusammen!

2. Setze richtig ein!

Schmutz macht ____________. Das haben britische ____________ herausgefunden. Schuld daran sind bestimmte ____________ im Boden.

3. Finde 10 Wörter mit „ck“!

Lösung: siehe Seite 125

Übung 5. Keine Angst vor dem Zahnarzt

Vor dem Lesen:

A. Welche Art von Text ist dieser Zeitungsartikel?

a] Unterhaltungstext ☐ b] Nachrichtentext ☐

Fies ist das, oder? Dieses Bohr-Geräusch, wenn der Zahnarzt Löcher entdeckt hat. Und wenn das Loch schon richtig tief ist, dann tut´s noch dazu scheußlich weh. Doch jetzt kommt die gute Nachricht für alle, die beim Surren des Bohrers am liebsten abhauen würden: Kinder in Österreich und Deutschland haben immer weniger Karies. Der Grund dafür: Sie putzen offenbar besser und gehen regelmäßiger zur Untersuchung zum Arzt als noch vor acht Jahren. Österreich und Deutschland haben damit einen internationalen Spitzenplatz bei der Mundgesundheit von Kindern erreicht. Zwölfjährige haben im Schnitt weniger als einen beschädigten oder fehlenden Zahn. Die Schweiz schneidet ähnlich gut ab. Griechische Kinder haben dagegen rund doppelt so viele Löcher.

aus: P.M. WILLI WILLS WISSEN, Ausgabe 02/2007.

1. Worum geht es in diesem Artikel? Fasse kurz zusammen!

2. Setze richtig ein!

Kinder in Österreich und Deutschland haben immer weniger ______________. Der Grund dafür: Sie ______________ besser ihre Zähne und gehen regelmäßiger zum ______________.

3. Finde zehn Wörter mit stummem „h“!

Lösung: siehe Seite 125

Übung 6. Fernsehprogramm

Ein Fernsehprogramm informiert dich über die Zeiten der Programme. Hier musst du, ähnlich wie beim Telefonbuchlesen - den gesamten Text überfliegen und „scannen“ = absuchen, damit du die bekannten Sendungen in den verschiedenen Zeilen wieder findest.
Bestimmte Sendungen kommen im Laufe des Tages immer wieder. Sie heißen z. B. News, Zeit im Bild, ZIB (= eine Kurzform der Zeit im Bild); Nachtjournal, Nachrichten, Tagesschau. Manche Sender haben überhaupt keine Nachrichten, das sind reine Unterhaltungsprogramme.

Vor dem Lesen:

A. Wozu dient der Text auf Seite 84?

a] zur Information ▢ b] zur Unterhaltung ▢

B. Welche Lesestrategie wirst du hier anwenden?

a] Text überfliegen ▢ b] Text genau lesen ▢

Nachfolgend, auf Seite 84, findest du einen Ausschnitt einer Fernseh-Programmzeitung. Beantworte damit die folgenden Fragen!

1. Was ist die ZiB?

a] Nachrichtensendung ▢ b] Krimi ▢

2. Was versteht man unter der ZiB Flash?

a] Drei Minuten Kurzinformationen. Überblicksartig werden die wichtigsten Nachrichten in rascher Abfolge präsentiert. Ein kurzer Wetterbericht schließt die Sendung ab. ▢

b] Die Nachrichten werden sehr ausführlich dargestellt. ▢

3. Du willst um die Mittagszeit eine Nachrichtensendung sehen. Auf welchem Kanal gibt es eine Nachrichtensendung und wie heißt sie? Du musst überlegen, wie die Sendung heißen kann, auch Sport und Wetter gehören dazu!

Es gibt auch sehr interessante Wissenssendungen für Kinder. Wer kennt eine?

Kanal 1	
Kanal 2	
Kanal 3	
Kanal 4	

4. Es gibt verschiedene Filmgattungen, die beim jeweiligen Film im TV-Programm dabei stehen, wie z. B. Krimi, Kochshow, Horrorfilm, Gewinnshow, Komödie.

a] Suche eine Kochshow auf Kanal 4!
Wie heißt sie und wann ist sie?

___

b] Suche einen Krimi auf Kanal 1!
Wie heißt er und wann ist er?

___

c] Wann ist zu Mittag die Wetterschau auf Kanal 2?

___

d] Wann finden am Abend die Seitenblicke auf Kanal 2 statt?

___

e] Welche Zeichentrickfilme findest du am Vormittag?

Kanal 1	
Kanal 2	
Kanal 3	
Kanal 4	

Lösung: siehe Seite 125

Kanal 1

6.15	Zirkus am Confetti
6.30	Als die Tiere
6.55	Kim Possible Zeichentrickserie
7.15	Disneys Tarzan Zeichentrickserie
7.40	Die Schlümpfe, Zeichentrickserie
8.05	Reba
8.25	Charmed
9.10	Gilmore Girls
9.45	Malcolm
10.10	Meerjungfrauen küssen besser
11.50	Full House
12.15	Eine himmlische Familie
13.00	Die Schlümpfe, Zeichentrickserie
13.25	Disneys Tarzan Zeichentrickserie
13.45	Disneys Kim Possible – Zeichentrickserie
14.10	Drachenschatz
14.35	Grufthotel Grabesruh
15.00	Bernard
15.05	News
15.10	Die Simpsons, Zeichentrickserie
15.35	Jim hat immer Recht!
15.55	ZiB Flash
16.00	Reba
15.25	Charmed – Zauberhafte Hexen
17.10	Gilmore Girls
17.55	ZiB Flash
18.00	Wie bitte?
18.30	Die Simpsons – Zeichentrickserie
18.55	Malcolm mittendrin
19.20	Mitten im Dom
19.45	Szene
20.00	ZiB 20
20.07	Wetter
20.15	Monk - Krimiserie – Mr. Monk mal zwei?
20.55	ZiB Flash
21.05	Die liebe Familie

Kanal 2

6.10	Text Aktuell
7.00	TW1 Frühstücks-wetter
7.30	Wetter Panorama
9.00	ZiB
9.05	Frisch gekocht
9.30	Schöner leben
10.15	Wege zum Glück
11.00	Sturm der Liebe
11.50	Wetterschau
12.00	Kreuz & Quer
12.55	Seitenblicke
13.00	ZiB
13.15	Frisch gekocht
13.40	Reich und schön
14.00	Reich und schön
14.25	Dr. Stefan Frank – Der Arzt, dem die Frauen vertrauen
15.10	Sturm der Liebe
16.00	Die Barbara Karlich Show
17.00	ZiB
17.05	Heute in Österreich
17.40	Julia – Eine ungewöhnliche Frau
18.30	Konkret: Das Servicemagazin
19.00	Bundesland Heute
19.30	Zeit im Bild
19.49	Wetter
19.55	Sport
20.05	Seitenblicke
20.15	Pfarrer Braun
21.45	Schöner leben – Schöner reisen Schottland
22.00	ZiB 2
22.30	Eco
23.00	Ein Fall für zwei Krimiserie
0.00	Die wahre Geschichte der Menendez-Brüder – Drama

Kanal 3

6.00	Punkt 6
7.00	RTL-Shop
8.00	Unter uns
8.30	Gute Zeiten, schlechte Zeiten
9.00	Punkt 9
9.30	Meine wahre Geschichte
10.00	Mein Baby
10.30	Unser Bauernhof – Familien auf dem Land
11.00	Unsere erste gemeinsame Wohnung
11.30	Mein Garten
12.00	Punkt 12 – Nachrichten
13.00	Die Oliver-Geissen-Show
14.00	Das Strafgericht
15.00	Das Familiengericht
16.00	Staatsanwalt Posch ermittelt
17.00	Unser Bauernhof – Familien auf dem Land
17.30	Unter uns
18.00	Explosiv – Das Magazin
18.30	Explosiv – Das Star-Magazin
18.45	Aktuell
19.05	Alles was zählt
19.40	Gute Zeiten, schlechte Zeiten
20.15	Alarm für Cobra 11 – Die Autobahnpolizei
21.15	C.S.I. – Den Tätern auf der Spur - Krimiserie
22.15	C.S.I. – Den Tätern auf der Spur – Krimiserie
23.10	Die Cleveren – Krimiserie
0.10	Nachtjournal

Kanal 4

6.00	Café Puls
9.00	Das Geständnis – Heute sage ich alles Talkshow
10.00	talk talk talk Comedyshow
11.00	talk talk talk Comedyshow
12.00	Avenzio
13.00	s.a.m.
14.00	We Are Family! So lebt Deutschland
15.00	Besser Essen – leben leicht gemacht
16.00	Charmed – Zauberhafte Hexen
17.00	taff.
17.55	Café Puls kocht! Kochshow
18.05	Die Simpsons – Zeichentrickserie
18.30	Die Simpsons – Zeichentrickserie
19.00	Galileo
20.00	AustriaNews mit Tonight TV
20.15	Germany´ s Next Topmodel – by Heidi Klum Castingshow
22.30	TV total
23.30	Quatsch-Comedy-Club
0.00	talk talk talk – Die Late Show

Quelle: tele, das österreichische Fernsehmagazin, Nr. 14/2007, Seite 54 und 55.

Sach- und Gebrauchstexte lesen

Sach- und Gebrauchstexte lesen:

1. Überfliege den Text und verschaffe dir einen ersten Überblick! Lies die Überschrift und achte auf alle Hervorhebungen! Sieh dir die Bilder an!
2. Stelle Fragen! Was will ich wissen? Worauf gibt der Text Antworten?
3. Lies den Text und stelle ihn dir mit allen Sinnen vor!
4. Kläre unbekannte Begriffe!

Übung 1. Martin muss ins Krankenhaus

„Guten Morgen, raus aus den Federn!“, ruft Mama und zieht die Vorhänge vom Fenster weg. Martin schläft noch tief und fest. „Hallo Martin, aufstehen!“, wiederholt Mama und schüttelt ihn leicht, damit er endlich wach wird. Nun schlägt Martin die Augen auf, na ja, zumindest ein bisschen.

„Mir tut der Bauch weh“, jammert er „Ich glaube, ich kann nicht aufstehen!“ Mama legt die Hand auf die Stirn von Martin, um zu fühlen, ob er Fieber hat „Du bist ja ganz heiß“, stellt sie verwundert fest und holt gleich das Fieberthermometer. 39 °C zeigt es an. Martin hat ziemlich hohes Fieber. Der Arzt muss kommen. Schon nach kurzer Zeit läutet er an der Tür.

„Tut das weh?“, fragt er Martin und drückt ihm dabei in den Bauch. „Aua“, schreit Martin empört auf, „das tut sogar sehr weh!“ Und dabei sieht er den Arzt böse an. „Tja, du musst leider ins Krankenhaus“, sagt der Doktor zu Martin. „Ich bin mir ziemlich sicher, dass du eine Blinddarmentzündung hast. Im Spital werden sie dich operieren und dir den Blinddarm entfernen. Schon nach ein paar Wochen bist du wieder wie neu.“

Sachtexte oder Gebrauchstexte sind keine erfundenen Geschichten, sondern informieren. Sie befassen sich mit einem bestimmten Thema wie z. B. Tiere, Pflanzen, Sport usw.

„Krankenhaus, Operation, ein paar Wochen" – die Worte schwirren Martin im Kopf herum und er hat auf einmal große Angst, sehr große Angst sogar. „Ich will nicht ins Krankenhaus", klagt er und versteckt sich sicherheitshalber unter der Bettdecke. Und nach einer Weile tönt es unter der Bettdecke hervor: „Es geht mir jetzt schon viel besser, ich bin schon fast wieder gesund!" Der Arzt hat jedoch kein Einsehen. „Du musst jetzt vernünftig sein", sagt er zu Martin. „Mit einer Blinddarmentzündung ist nicht zu spaßen." Jetzt hat Martin noch mehr Angst. „Ich will nicht ins Spital", schluchzt er.

Mama nimmt ihn in den Arm. „Ich komme mit dir mit und bleibe bei dir!", tröstet sie ihn. „Wir werden das gemeinsam durchstehen." Martin beruhigt sich ein bisschen. „Was ist eine Blinddarmentzündung?", will er nun wissen. Und der Arzt erklärt:

„In deinem Bauch befinden sich die Gedärme. Auf halbem Weg, genau zwischen dem so genannten Dünndarm und dem Dickdarm, befindet sich der Blinddarm. Der Blinddarm ist ein Sack, ungefähr so groß wie eine Faust. Dort landet der Kot, also das ehemalige Essen, bevor er vom Dünndarm in den Dickdarm geschoben wird. Am hinteren Ende des Blinddarmsackes befindet sich der so genannte Wurmfortsatz. Dieser Wurmfortsatz hat, im Gegensatz zum Blinddarm, keine Bedeutung für die Verdauung. Er ist einfach da. Dieser Wurmfortsatz ist eines der wenigen Körperteile, auf die der Mensch ohne weiteres verzichten könnte. Warum es ihn trotzdem gibt, ist noch unbekannt. Bei der Blinddarmentzündung ist genau genommen nicht der gesamte Blinddarm, sondern nur der Wurmfortsatz entzündet und dieser kranke Wurmfortsatz wird herausgeschnitten."

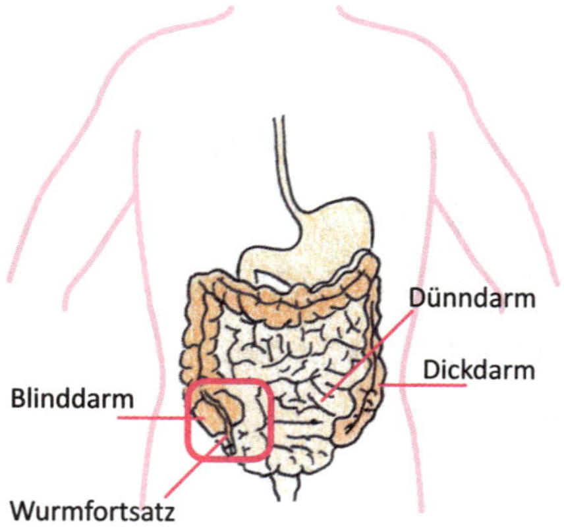

Blinddarmentzündung: Eigentlich ist der Wurmfortsatz des Blinddarms erkrankt.

Dann geht alles ziemlich schnell. Martin kommt sofort ins Spital und wird noch am selben Tag operiert. Zum Glück verläuft die Operation gut. Auf seinem Bauch hat er nun eine Narbe.

1. Richtig ☑ oder falsch ☒ ?

a] Martin hat Bauchweh. ☐
b] Mama hat Bauchweh. ☐
c] Der Arzt drückt Martin auf die Brust ☐
d] Martin hat eine Blinddarmentzündung. ☐
e] Der Blinddarm ist ein Teil des Dünndarms. ☐
f] Der Blinddarm befindet sich zwischen Dünndarm und Dickdarm. ☐
g] Nur der Wurmfortsatz des Blinddarms ist erkrankt. ☐
h] Der Wurmfortsatz des Blinddarms ist wichtig für die Verdauung. ☐
i] Der Blinddarm ist ein Sack, ungefähr so groß wie eine Faust. ☐
j] Der Blinddarm wird entfernt. ☐
k] Nur der Wurmfortsatz des Blinddarms wird entfernt. ☐

Stelle Fragen zum Lernstoff! Dadurch liest du viel aufmerksamer und der Stoff prägt sich besser ein.

2. Hier sind Sätze aus der Geschichte! Finde die passenden Fragen!

Martin muss ins Krankenhaus.

Wohin ______

Mama zieht die Vorhänge vom Fenster weg.

Wer ______

Mir tut der Bauch weh, jammert er.

Was ______

Martin hat ziemlich hohes Fieber.

Was ______

Der Arzt muss kommen.

Wer ______

3. Formuliere fünf weitere beliebige W-Fragen zum Text! Verwende dabei die W-Fragewörter wer, was, wo, wie, wann, warum …

____

____

____

____

____

4. Falsche Wörter im Text! Im folgenden Abschnitt sind Wörter hineingerutscht, die nicht hineinpassen, die also den Sinn stören. Finde sie und streiche sie durch!

Teile deinen Lernstoff in Lernportionen ein und beginne rechtzeitig vor einem Test zu lernen!

Der Arzt erklärt: „In deinem Bauch befinden sich die Gedärme lang. Auf halbem Weg, genau zwischen dem so genannten Dünndarm und dem Dickdarm kurz, befindet sich der Blinddarm. Der Blinddarm ist ein Sack Nikolaus, ungefähr so groß wie eine Faust groß. Dort landet der Kot, also das ehemalige Essen, bevor er vom Dünndarm in den Dickdarm geschoben wird gestern. Am hinteren Ende des Blinddarmsackes befindet sich der so genannte Wurmfortsatz befindet. Dieser Wurmfortsatz hat, im Gegensatz zum Blinddarm, keine Bedeutung für die Verdauung. Er ist einfach da. Dieser Wurmfortsatz war ist eines der wenigen Körperteile Beine, auf die der Mensch ohne weiteres verzichten könnte. Warum es ihn trotzdem gibt, ist noch unbekannt häufig. Bei der Blinddarmentzündung ist genau genommen krank nicht der gesamte Blinddarm, sondern nur der Wurmfortsatz entzündet und dieser kranke Wurmfortsatz gesund wird herausgeschnitten."

5. Warst du auch schon einmal im Krankenhaus? Erzähle deinen Schulkamaradinnen und Schulkameraden, wie das für dich war

Lösung: siehe Seite 125

Übung 2. **Piraten**

Piraten waren Seeräuber, die ihr Geld nicht mit Arbeit verdienten, sondern über die Weltmeere fuhren und Handelsschiffe oder Küstenstädte plünderten. So bereicherten sie sich und sammelten unermessliche Schätze an. Oft setzten die Piraten heimlich mit Booten zum gegnerischen Schiff über, schlichen sich lautlos an Bord und plünderten die vorgefundenen Schätze. Im Schutze der Dunkelheit vergruben die Piraten später ihre kostbare Beute. Sie hielten das Versteck geheim, damit sie nicht selbst ausgeraubt wurden. Um das Versteck wieder zu finden, zeichneten sie eine Schatzkarte. Später, wenn keine Gefahren lauerten, kamen sie und holten das Gold.

Die Piraten waren bekannt für fröhliche Feste. Genügend zu essen gab es nur an Land. Dort schmausten sie, sangen und tanzten. So vergaßen sie für eine Weile das harte Leben auf hoher See. Beliebt war auch ein sprechender Papagei an Bord. Er vertrieb der Mannschaft die Langeweile. Gewaltige Stürme auf dem Meer bedeuteten eine große Gefahr für die Männer an Bord. Riesige Wellen donnerten gegen das Schiff und wirbelten die Piraten durcheinander. Wenn das Unwetter vorüber war, machten sich alle daran, die Schäden zu beseitigen. Jeder Pirat musste mithelfen, damit sie schnell weitersegeln konnten. Die meisten Piraten wählten eine Insel, die sie zu ihrem Stützpunkt machten. Von hier aus stachen sie in See und kehrten mit Schätzen zurück. Die Piratenflagge konnte man schon von weitem sehen und ihre Schiffe waren gefürchtet. Zu seiner Verteidigung hatte jeder Pirat einen Säbel und so mancher Pirat hatte aufgrund eines verlorenen Kampfes ein Holzbein. Der Kapitän besaß sogar eine Pistole. Zuerst feuerte man mit Kanonen auf das andere Schiff. Später stürmten die Piraten das Schiff und nahmen es ein. Der Enterhaken half ihnen dabei, an Schiffswänden hochzuklettern.

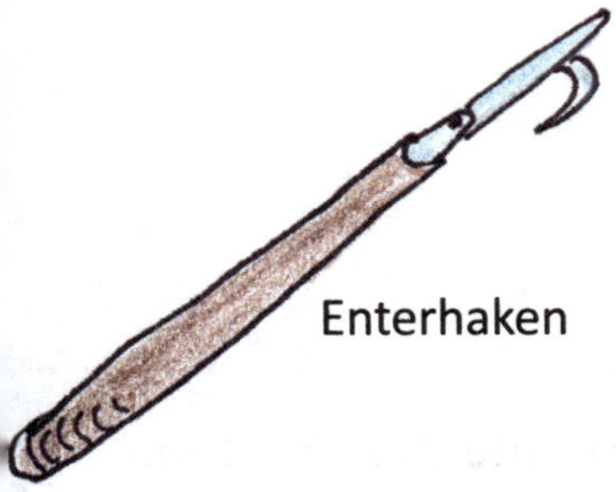
Enterhaken

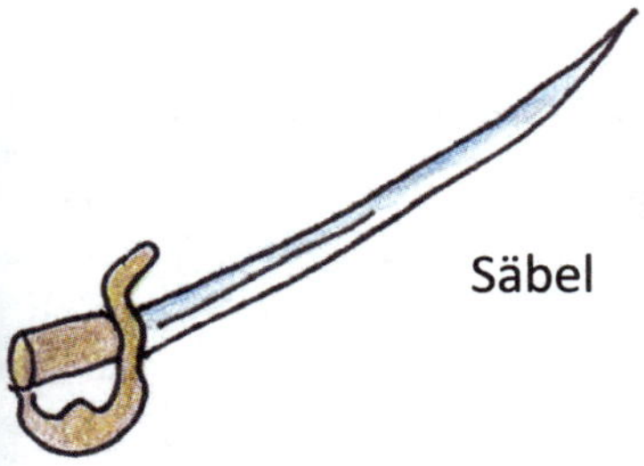
Säbel

Textquelle: Erklär mir was! Die Piraten, Laura Leintz, Daniela Pohl, Xenos Verlagsgesellschaft mbH, 22339 Hamburg.

Lasse dich beim Lernen nicht von anderen ablenken!

1. Richtig ☑ oder falsch ☒ ?

a] Die Piraten waren Händler. ☐

b] Die Piraten plünderten Handelsschiffe oder Küstenstädte. ☐

c] Die Piraten setzten heimlich mit Booten zum Gegner über. ☐

d] Die Piraten schwammen zum Gegner. ☐

e] Die Piraten verschenkten ihre Beute. ☐

f] Die Piraten verrieten allen die Lage des Verstecks. ☐

g] Die Piraten waren bekannt für fröhliche Feste. ☐

h] Die meisten Piraten wählten eine Insel, die sie zu ihrem Stützpunkt machten. ☐

i] Gewaltige Stürme bedeuteten keine Gefahr für die Piraten. ☐

j] Jeder Pirat musste mithelfen, die Schäden an Bord zu beseitigen. ☐

k] So mancher Pirat hatte aufgrund eines gewonnenen Kampfes ein Holzbein. ☐

l] Jeder Pirat besaß eine Pistole. ☐

m] Der Enterhaken half ihnen, an Schiffswänden hochzuklettern. ☐

Die Fragen, die du dir zum Text oder Lernstoff überlegst, wird wahrscheinlich auch dein Lehrer oder deine Lehrerin stellen!

2. Hier sind Sätze aus der Geschichte! Finde die passenden Fragen! Das Fragewort ist vorgegeben.

a] Piraten waren Seeräuber.

Wer ______________________________

b] Piraten fuhren über die Weltmeere und plünderten Handelsschiffe oder Küstenstädte.

Wen ______________________________

c] Die Piraten versteckten ihre Beute.

Was ______________________________

d] Um das Versteck wieder zu finden, zeichneten sie eine Schatzkarte.

Was ______________________________

e] Die Piraten waren bekannt für fröhliche Feste.

Wofür ______________________________

3. Formuliere drei weitere beliebige W-Fragen zum Text! Verwende dabei die W-Fragewörter wer, was, wo, wie, wann, warum …

z. B. Warum plünderten Piraten Handelsschiffe?

____

____

____

____

Durch die Fragen lernst du viel und bereitest dich gleich gut auf eine schriftliche Wiederholung vor.

4. Schaffst du diesen Lückentext?

Mit einer ____________ sah ein Pirat gefährlich aus.

Die ____________ konnte man schon von weitem sehen.

Ein sprechender ____________ vertrieb der Mannschaft die Langeweile an Bord. Mancher Pirat hatte aufgrund eines verlorenen Kampfes ein ____________. Mit der ____________ wurde auf andere Schiffe gefeuert.

Zu seiner Verteidigung hatte jeder Pirat einen ____________.

Der Kapitän besaß sogar eine ____________. Um das ____________ wieder zu finden, brauchte man eine Schatzkarte.

Lösung: siehe Seite 126

Übung 3. Die Mikrowelle

Fasse nach dem Lesen noch einmal kurz zusammen, was du gelesen hast! Dadurch prägt sich das Gelesene viel besser ein!

Vor dem Lesen:

A. Wozu dient dieser Text?

a] zur Information ☐ b] zur Unterhaltung ☐

B. Welche Lesestrategie wirst du hier anwenden?

a] Text überfliegen ☐ b] Text genau lesen ☐

C. Was ist dein Leseziel?

Seit Anfang der sechziger Jahre werden Mikrowellengeräte verkauft, heute sind sie bereits in fast jedem Haushalt vorhanden.

Mikrowellengeräte enthalten eine Magnetfeldröhre, ein so genanntes Magnetron, das die Mikrowellen erzeugt, die anschließend in den Garraum geleitet werden.

Die Mikrowellen erwärmen das Wasser in den Speisen und dadurch wird das Essen heiß. Der Drehteller und regelmäßiges Umrühren garantieren eine bessere Wärmeverteilung.

Wiederhole den Lernstoff noch einmal vor dem Schlafengehen! Dadurch merkst du ihn dir besser!

1. Was wird erklärt? Fasse in einem Satz zusammen!

____

____

____

Lösung: siehe Seite 126

Übung 4. **Ein Interview[1] mit einem Astronauten[2]**

(Tine Fassomytakis)

Im All führen Astronauten wissenschaftliche Experimente durch und überprüfen die Maschinen an Bord. Aber wie essen sie oder gehen auf die Toilette? Das Magazin P.M. hat einen echten Astronauten befragt. Reinhold Ewald war fast drei Wochen lang auf der Raumstation MIR.

P.M. Willi wills wissen: **Wie sind Sie Astronaut geworden?**
Reinhold Ewald: Ich hatte mein Physikstudium beendet und eine Anzeige gelesen, in der Astronauten gesucht wurden. Ich habe dann an einer Reihe von Auswahlverfahren teilgenommen: Testrunden und Gesundheitschecks.

Was haben Sie mitgenommen ins All?
Reinhold Ewald: Andenken an meine Familie. Außerdem Seidentücher, die schön herumschwebten.

Was machen Astronauten in ihrer Freizeit im Weltraum?
Viele Astronauten haben auch eine eigene Webseite. Sie können damit Nachrichten empfangen, Musik anhören und DVDs ansehen. Sport machen muss man auch, etwa Laufen auf einem Laufband. Aber das ist mehr Disziplin als Freude.

Wie schlafen Sie in der Schwerelosigkeit?
Jeder hat eine kleine Kabine. Dort hängt ein Schlafsack an der Wand, damit er nicht wegfliegt. An die Wand gebunden schläft man dann auch. Meist so, dass man einen Blick aus dem Fenster hat, um die tolle Aussicht zu bewundern.

[1] Interview = *(ˌintervju:) ist eine Befragung durch Fragesteller (sogenannte Interviewer) mit dem Ziel, persönliche Informationen oder Sachverhalte zu ermitteln.*

[2] Astronauten = *auch Raumfahrer genannt!*

Hinter dem Astronauten ist die Erde vom All aus zu sehen.

Juhu! Im Weltraum kann man wunderbar durch die Luft schweben

Wie geht man auf die Toilette?

Das „Klo“ sieht aus wie ein großer Staubsauger mit einem Trichter dran, passend für Frauen und Männer. Der Urin wird abgesaugt und in einem Container aufbewahrt – den holt das nächste Transportschiff, das die Raumstation besucht, wieder ab.

Gab es auch gefährliche Situationen bei Ihrer Raumfahrt?

An Bord brannte es plötzlich. Eine Sauerstoffflasche fing Feuer. Wir mussten Gasmasken tragen und brauchten einige Stunden, um das Feuer zu löschen. Danach war dann die ganze Atmosphäre an Bord verqualmt, denn man kann ja nicht einfach die Fenster aufreißen und lüften! So ein Vorfall schweißt zusammen.

Was war Ihr lustigstes Erlebnis an Bord?

Am Anfang war das Essen natürlich eine Herausforderung. Wenn zum Beispiel mal ein Reiskorn davon schwebte, was das schon ziemlich lustig; vor allem, wenn man es auffangen wollte. Zu Beginn war man auch ziemlich ungelenk unterwegs und hatte seine Not zu bremsen. Man schwebte dann schon mal gegen einen Kollegen.

Wer im All nicht aufpasst, dem schwebt sogar das Essen aus der Hand

Was essen Astronauten?

Dem Essen, das mit ins All kommt, wird zuvor das Wasser entzogen – so spart man Gewicht ein. Das Essen sieht dann aus wie Trockenpulver in einer Vakuumverpackung. Durch ein Ventil spritzt man auf der Raumstation heißes oder kaltes Wasser hinein und macht das Ventil wieder zu. Nach zehn Minuten schneidet man die andere Seite auf und kann sogar mit einer Gabel oder einem Löffel essen. Die meisten Gerichte haben außen Sauce oder Gelatine und haften deshalb gut am Besteck. Es gibt auch noch eine andere Art, nämlich Essen in Konservendosen. Die werden zwischen heißen Platten erhitzt.

Und schmeckt das?
Das Essen ist recht fade, da es vorsichtig gewürzt wird. Es ist sehr weich und nicht frisch. Man sehnt sich dann schon nach etwas Prickelndem und Knackigem.

Quelle: P.M. Willi wills wissen, Ausgabe 4/2007.

Ein Raumschiff lässt beim Start ganz schön viel Dampf ab.

1. Was hast du dir gemerkt? Fasse das Gelesene in eigenen Worten zusammen!

______

______

______

2. Beantworte nun die Fragen zum Text!

a] Müssen Astronauten Sport machen?

b] Wie schlafen Astronauten?

c] Wie sieht die Toilette aus?

d] Wie sieht das Essen aus, das sie im All bekommen?

e] Kann man das Essen auch mit einer Gabel oder einem Löffel essen?

f] Warum wird dem Essen das Wasser entzogen?

3. Was ist ein Vakuum?

Suche die Antwort im Internet!

Suchmaschine: www.blinde-kuh.at
Suchbegriff: Vakuum

Suche nähere Informationen zur Raumstation im Internet!

Suchmaschine: www.blinde-kuh.at
Suchbegriff: Raumstation MIR

4. Was weißt du über die Schwerelosigkeit?

Suche Informationen im Internet!

Suchmaschine: www.blinde-kuh.at
Suchbegriff: Schwerelosigkeit

Lösung: siehe Seite 126

Übung 5. Einen Fahrplan lesen

Wien Westbahnhof – Salzburg Hauptbahnhof

an	ab	Bahnhof
	11.34	**Wien Westbahnhof**
11.40	11.42	**Wien Hütteldorf**
12.18	12.20	**St. Pölten Hauptbahnhof**
	12.23	REX 6712-Traisen 12.48-Markt St.Aegyd am Neuwalde 13.35
	12.24	R 2066-Melk 12.47-Pöchlam 12.54-Ybbs a. d. Donau 13.07-Amstetten 13.24
	12.24	R 6807-Ober Grafendorf 12.44-Kirchberg a. d. Pielach 13.20 – Laubenbachmühle 13.53
	12.52	R 6851 – Ober Grafendorf 13.14 – Mank 13.46
12.51	12.53	**Amstetten**
	13.00	R 3516- Waidhofen a. d. Ybbs 13.28- Waidhofen a. d. Ybbs Stadt 13.31- Kleinreifling 13.54
	13.12	R 6076-Stadt Haag 13.14-St. Valentin 13.48
13.13	13.15	St. Valentin
	13.20	R 3617- Steyr 13.45-Garsten 13.50-Kleinreifling 14.51
	13.53	EZ 6985-Mauthausen 14.01-Grein Bad Kreuzen 14.48-Grein Stadt 14.51-St.Valentin 13.48
13.30	13.33	**Linz Hauptbahnhof**
	13.35	R 3866-St.Georgen a.d. Gusen 13.52- Pregarten 14.19
	13.36	R 3955-Traun 13.47-Rohr Bad Hall 14.09-Kirchdorf a.d. Krems 14.33
	14.01	R 8019-Alkoven 14.25-Eferding 14.42-Peuerbach 15.30
	14.08	R 3816-St.Georgen a.d. Gusen 14.27-Pregarten 14.51-Freistadt 15.13-Summerau 15.23
13.47	13.49	**Wels Hauptbahnhof**
	14.00	R 3213-Sattledt 14.20-Grünau im Almtal 15.04
	14.28	EC 24-Passau Hbf 15.18-Regensburg Hbf 16.27-Nürnberg Hbf 17.28-Würzburg Hbf
	14.40	REX 1788-Bad Schallerbach Wallern 14.49-Grieskirchen Gallspach 14.55-Neumarkt
14.05	14.07	**Attnang-Puchheim**
	14.15	R 3016-Vöcklabruck 14.19-Vöcklamarkt 14.36
14.52		**Salzburg Hauptbahnhof**

Quelle: ÖBB IC640, Wien Wbf – Salzburg Hbf, Reisebegleiter, 10. 12. ’06 – 09. 06. ’07.

Nimm beim nächsten Ausflug eine Landkarte zur Hand und verfolge die Route auf der Karte! Deine Begleitperson hilft dir sicher dabei.

1. Sieh dir den Fahrplan auf Seite 96 an!

a] Von wo fährt der Zug weg?

b] Wo fährt der Zug hin? Was ist die Endstation?

c] Um welche Uhrzeit fährt der Zug vom Wiener Westbahnhof ab?

d] Wann kommt der Zug in St. Pölten am Haupbahnhof an und wann fährt er wieder ab?

e] Wann ist der Zug in Linz am Hauptbahnhof?

f] Wann kommt der Zug in Salzburg am Haupbahnhof an?

2. Hier sind die Stationen durcheinander geraten. Kannst du sie in die richtige Reihenfolge bringen? Trag die Nummern in die Felder ein! Du kannst auch die Seite kopieren, die Streifen ausschneiden und dann richtig ordnen.

Station Nr.	an	ab	Bahnhof
		11.34	Wien Westbahnhof
	13.30	13.33	Linz Hauptbahnhof
	13.47	13.49	Wels Hauptbahnhof
	12.51	12.53	Amstetten
	14.05	14.07	Attnang-Puchheim
	13.13	13.15	St. Valentin
	12.18	12.20	St. Pölten Hauptbahnhof
	11.40	11.42	Wien Hütteldorf
	14.52		Salzburg Hauptbahnhof

Lösung: siehe Seite 126

Übung 6. Markierungsregeln

Wozu Markieren?

Durch das Markieren springen wichtige Stellen eines Textes ins Auge. Beim neuerlichen Lesen des Textes brauchst du dann nur mehr die markierten Wörter zu lesen, um dich wieder an den Textinhalt zu erinnern.

Wichtige Stichworte in einem Text nennt man auch Schlüsselwörter. Sie öffnen nämlich wie ein Schlüssel die Tür zum Speicherplatz im Gehirn. Liest du das Wort, so fallen dir alle dazugehörigen Informationen ein.

Markierungsregeln

1.] Lies den gesamten Text. Markiere erst beim zweiten Lesedurchgang!

2.] Unterstreiche zunächst nur mit Bleistift, der lässt sich leicht ausradieren!

3.] Markiere nur einzelne Schlüsselwörter und keine ganzen Sätze. Die Details „hängen“ an den Schlüsselwörtern.

4.] Überfliege die unterstrichenen Textstellen nochmals. Sind es wichtige Schlüsselwörter? Markiere erst dann mit einem Leuchtstift!

5.] Wenn dir die wichtigen Infos beim Lesen der Schlüsselwörter wieder einfallen, dann hast du deine „Schlüssel“ gut ausgesucht.

Was versteht man unter einem Schlüsselwort?

Schlüsselwörter sind sinntragende Wörter. Durch sie versteht man den Inhalt und den Sinn eines Textes. Liest man später nur mehr die markierten Schlüsselwörter, so versteht man den gesamten Inhalt.

Wie erkennt man die Schlüsselwörter?

Schlüsselwörter sind die aussagekräftigen Wörter in einem Satz. Oft sind sie hervorgehoben. Ihr Gegenteil sind die Füllwörter wie um, bei, und …

Wir vergleichen das Auffinden und Markieren der Schlüsselwörter mit dem Telegrammstil. Dabei schreibt man nur das Notwendigste. Man achtet darauf, dass man die wichtigsten Informationen mitteilt. Beim Markieren ist es genau so. Man markiert so wenig Worte wie möglich, ohne dass die wichtigen Informationen verloren gehen.

Wie weiß man, ob man die wichtigen Wörter markiert hat?

Wenn man nur die markierten Schlüsselwörter im Text liest, dann muss man verstehen, worum es im Text geht.

Wieso sollte man keine ganzen Sätze markieren?

Der Sinn liegt darin, Wichtiges hervorzuheben. Markiert man ganze Sätze, wird es wieder unübersichtlich. Deshalb ist es besser, weniger zu markieren.

Indem du einen Text sinnvoll markierst, lernst du schon sehr viel.

Dazu ein Beispiel:

Im Winter steht die Sonne am niedrigsten.

Nun markieren wir die Schlüsselwörter, also die Wörter, die am aussagekräftigsten sind.

Im Winter steht die Sonne am niedrigsten.

Du könntest nun in Versuchung kommen, „steht“ auch zu markieren. Aber wenn du die Schlüsselwörter – Winter – Sonne – niedrigsten liest, verstehst du schon, worum es geht. Du brauchst „steht“ nicht, um den Sinn zu erfassen. Die fehlenden Wörter werden nämlich von deinem Gehirn ergänzt.

1. Probiere es nun selbst und markiere die Schlüsselwörter im Text, aber erst beim zweiten Lesedurchgang!

Dezember

Der Dezember ist ein ereignisreicher Monat. Die Tage sind kurz und die Nächte lang. Fast in jedem Jahr fällt in diesem Monat Schnee. Aber egal, ob Schnee fällt oder nicht, es ist auf jeden Fall kalt und die Pflanzen und Tiere ruhen. Am 6. Dezember freuen sich die Kinder auf den Nikolaus. Am 24. Dezember feiern wir das Weihnachtsfest und am 31. Dezember klingt mit Silvester das Jahr aus.

Lösung: siehe Seite 126

Übung 7. **Brot**

Brot ist eines der Grundnahrungsmittel des Menschen. Es enthält je nach Sorte mehr oder weniger alle Stoffe, die wir brauchen, um gesund zu bleiben. Es gibt viele verschiedene Brotsorten wie z. B. Weißbrot, Mischbrot, Roggenbrot, Dinkelbrot, Vollkornbrot und noch viele andere mehr. Am gesündesten ist das Vollkornbrot. Zur Herstellung dieses Brotes wird Vollkornmehl verwendet. Vollkornmehl entsteht, indem beim Mahlvorgang alle Teile des Kornes, also auch die Randschichten, zu Mehl verarbeitet werden.

Das Gegenteil zum Vollkornmehl ist das Weißmehl. Hier werden beim Mahlvorgang die Teile des Kornes getrennt. Das Korn wird nur kurz gemahlen und die Randschichten, die harten und groben Teile des Kornes, werden ausgesiebt. So entsteht das weiße Mehl. Wir sagen auch Auszugsmehl dazu. Aus diesem Mehl wird Weißbrot gebacken.

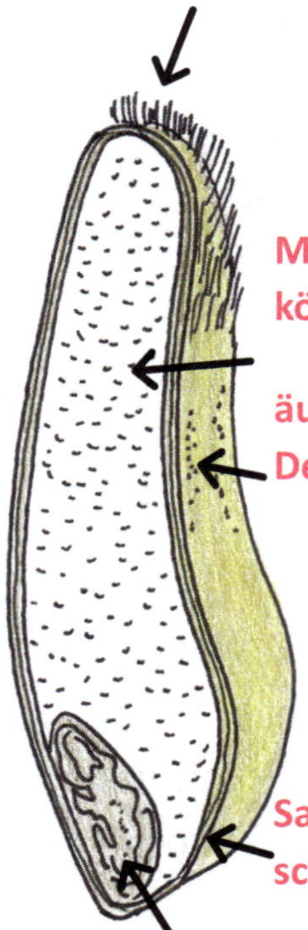

1. **Unterstreiche zunächst mit Bleistift die aussagekräftigen und wichtigen Wörter = Schlüsselwörter im Text**

2. **Lies jetzt nur die Schlüsselwörter. Kannst du den Inhalt des gesamten Textes verstehen? Gibt es Wörter, die du nicht hättest unterstreichen müssen, weil sie für das Verständnis unwichtig sind?**

3. **Markiere dann die wichtigen Wörter mit einem Leuchtstift und schreibe sie auf den Blattrand heraus! Vergleiche dann mit der Lösung!**

Lösung: siehe Seite 127

Übung 8. **Obst**

Wenn wir im Supermarkt bei der Obstabteilung vorbeikommen, gibt es viel zu sehen. Die Früchte leuchten uns in rot, gelb, grün und orange entgegen. Obst ist meist saftig und süß, deshalb mögen es auch fast alle gern. Es ist die bunte Vielfalt, die uns anspricht und die uns sofort das Wasser im Mund zusammenlaufen lässt. Bananen, Äpfel, Birnen und Weintrauben sind beliebte Obstsorten, genauso wie Mandarinen, Orangen und Pfirsiche. Es ist für jeden Geschmack etwas dabei. Obst wird in verschiedene Obstsorten eingeteilt. Wir unterscheiden zwischen Beerenobst, Kernobst, Steinobst und Sammelfrüchten. Zum Beerenobst gehören z. B. Heidelbeeren und Johannisbeeren. Zum Kernobst gehören z. B. Äpfel und Birnen. Als Steinobst bezeichnen wir z. B. Kirschen und Pfirsiche und zu den Sammelfrüchten zählen Himbeeren und Brombeeren.

1. Unterstreiche beim zweiten Lesedurchgang mit Bleistift die Schlüsselwörter im Text! Achtung! Unterstreiche nur Stichworte – keine ganzen Sätze!

2. Lies jetzt nur die Schlüsselwörter. Gibt es Wörter, die du nicht hättest unterstreichen müssen, weil sie für das Verständnis des Textes unnötig sind?

3. Markiere dann nur die wichtigen Wörter mit einem Leuchtstift und schreibe sie auf den Blattrand heraus! Vergleiche dann mit dem Lösungsvorschlag!

Wichtige Wörter aus dem Text, die du an den Blattrand schreibst, helfen dir beim Lernen!

Lösung: siehe Seite 127

Übung 9. Obst: Eine Übersicht erstellen

Informationen, die in Texten verpackt sind, lernst du meist leichter, wenn du sie übersichtlich darstellst.

Nun lernst du eine Methode kennen, Textinhalte übersichtlich darzustellen. Dazu schreibt man in die Mitte eines Blattes das zentrale Thema, um das es geht. Alles was zu diesem Thema dazugehört, fügt man in Form von Ästen daran. Du kannst auch beliebig dazu zeichnen. So entsteht eine Art Landkarte für das Gedächtnis.

Obst

Obst wird in verschiedene Obstsorten eingeteilt. Wir unterscheiden zwischen Beerenobst, Kernobst, Steinobst und Sammelfrüchten. Zum Beerenobst gehören z. B. Heidelbeeren und Johannisbeeren. Zum Kernobst gehören z. B. Äpfel und Birnen. Als Steinobst bezeichnen wir z. B. Kirschen und Pfirsiche und zu den Sammelfrüchten zählen Himbeeren und Brombeeren.

1. Markiere den Text und stelle die Übersicht fertig! In der Mitte steht das zentrale Thema, in unserem Beispiel also Obstsorten. Alles was zum Thema gehört, fügst du in Form von Ästen dran.

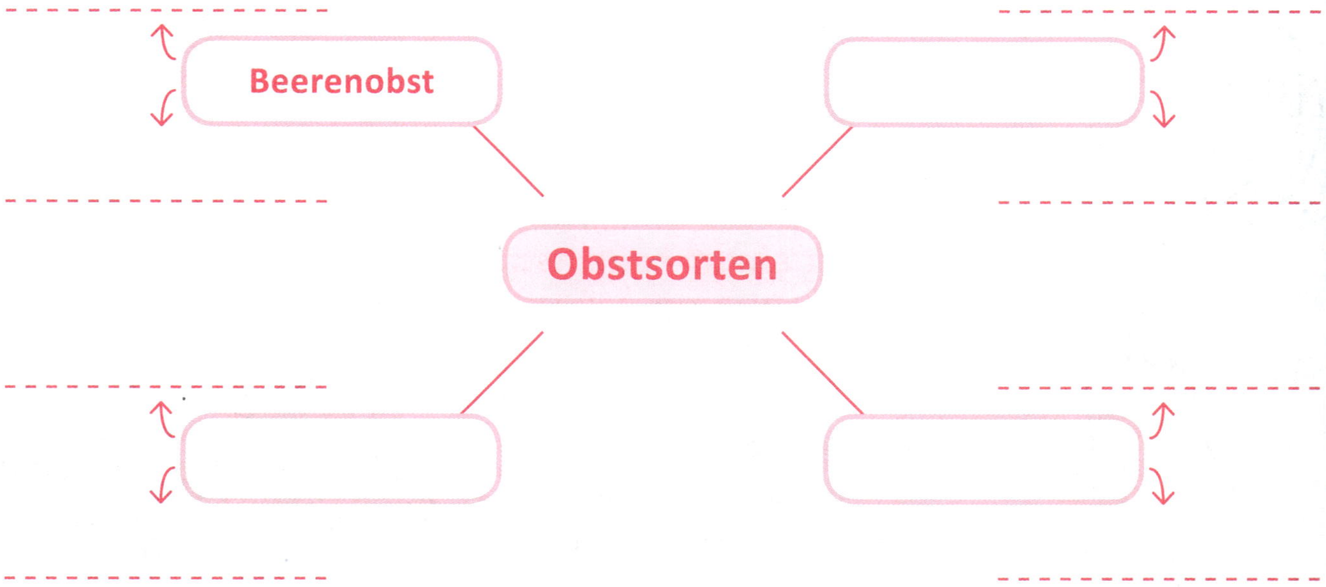

Lösung: siehe Seite 128

Texte als Diskussionsgrundlage

Übung 1. **Fernsehen**

Benjamin hockt schon seit Stunden vor dem Fernseher. Zum Glück hat er eine Fernbedienung, so kann er bequem durch sämtliche Programme zappen[1]. Draußen scheint die Sonne. Es ist ein warmer Frühlingstag, und die ersten Vögel zwitschern bereits in den Bäumen. „Gehst du mit mir ein bisschen spielen nach draußen?", fragt sein kleiner Bruder Stefan. Doch Benjamin hat keine Lust. Er sitzt lieber weiter vor dem Fernseher. „Lass mich in Ruhe", sagt er gereizt.

[1]zappen = *Hin-und-her-Schalten in TV-Programmen*

Benjamin fühlt sich ganz matt. Er kann sich nicht dazu aufraffen, etwas zu tun. Das kommt daher, weil er schon so lange in den Fernseher starrt. Benjamin liebt es fernzusehen, ja selbst die Werbung mag er gerne. Da kommt der Vater nach Hause. „Du sitzt schon wieder vor dem Fernseher?", sagt er streng. „Darüber unterhalten wir uns noch!"

Ändere die Leseperspektive, indem du dich in die Person bzw. Handlung versetzt!

Benjamin dreht schnell den Fernseher ab und verschwindet schuldbewusst nach draußen. Stefan hat in der Zwischenzeit andere Freunde gefunden, mit denen er Fußball spielt. Benjamin sieht eine Weile zu und fragt dann gelangweilt: „Darf ich auch mitspielen?" „Klar", sagen alle anderen.

Benjamin muss sich ein bisschen überwinden, aber dann fängt das Spiel an ihm Freude zu machen. Er spielt so eifrig, dass er gar nicht merkt, wie schnell die Zeit ver-fliegt. Er schießt sogar einige Tore und ist mächtig stolz auf seine Leistung. Nach dem Spiel fühlt er sich großartig. Nun könnte er vor lauter Kraft Bäume ausreißen.

Hake nun an! ☑

1. Was bedeutet „durch Programme zappen"?

a] die Programme löschen ☐

b] zwischen den Programmen hin- und herschalten ☐

a] ein Programm nach vorne spielen ☐

Fernsehen bedeutet nicht nur Unterhaltung, sondern auch Bildung und Information.

2. Was bedeutet „sich überwinden"?

a] etwas mit Begeisterung tun ☐

b] sich aufraffen, etwas tun, was man eigentlich nicht tun will ☐

c] etwas über sich ergehen lassen. ☐

3. Wie sieht dein Fernsehkonsum aus? Wie viele Stunden sitzt du pro Tag vor dem Fernseher?

a] bis eine Stunde ☐

b] ein bis zwei Stunden ☐

c] mehr als zwei Stunden ☐

4. Welche Filme siehst du dir am liebsten an? Schreib deine Lieblingssendungen auf:

a] Zeichentrickfilme ______________________

b] Serien: ______________________

c] Wissensmagazine wie z. B. Universum, Galileo

____

d] Sonstiges ______________________

Fernsehen macht es möglich, die Welt kennen zu lernen, ohne sie zu bereisen

5. Ermittelt nun ein Klassenergebnis!

Schreibt die Fragen 3. und 4. an die Tafel.
Jedes Kind sagt nun, was es angekreuzt hat.
Ein Kind macht jeweils Striche an der Tafel.
Zum Schluss könnt ihr das Ergebnis abzählen.

Sprich langsam, laut und deutlich, damit dich jeder gut verstehen kann!

Sieh deinem Gesprächspartner in die Augen, wenn du mit ihm redest. Lass deinen Blick in die Runde schweifen, wenn du mit mehreren Gesprächspartnern sprichst.

Das sieht dann z. B. so aus: **Fernsehkonsum**

a] bis eine Stunde: III
b] ein bis zwei Stunden ~~IIII~~
c] mehr als zwei Stunden: III

Lieblingssendungen:

a] Zeichentrickfilme: ______
b] Serien: ______
c] Wissensmagazine wie Universum, Galileo: ______
d] Sonstiges: ______

6. Setzt euch in einem Sesselkreis auf und sprecht über die folgenden Fragen!

Was glaubst du, wie das Gespräch zwischen Benjamin und seinem Vater verlaufen wird?

Was wird wohl Benjamins Vater sagen?

Was würden deine Eltern sagen?

Was ist gut am Fernsehen?

Was wirkt sich negativ aus?

Wie wirkt sich das Fernsehen auf die Gespräche in der Familie aus?

7. Zu viel Fernsehen wirkt sich auch auf deine Gesundheit aus.

Suche im Internet:
Suchmaschine: **www.helles-koepfchen.at**
Suchbegriffe: **fernsehen, Gesundheit**
Was findest du heraus?

____

____

____

Lösung: siehe Seite 128

Übung 2. **Alle streiten**

Magdalena und Martin sind Geschwister. Und wie das bei Geschwistern häufig so ist, streiten auch sie recht oft.

„Du bist so gemein!“, schreit Magdalena außer sich. „Du hast mir mein Tagebuch gestohlen!“

„Aber nur, weil du meinen Teddybären in die Schultasche gesteckt hast. Und ich musste ihn in der Schule vor allen Kindern und dem Lehrer rausnehmen!“, brüllt Martin lautstark zurück. „Das war soooo peinlich! Ich habe mich nur gerächt!“ Martin steht mit gespreizten Beinen wie ein wütender Gockelhahn vor Magdalena.

Die Hände stemmt er in die Hüften, sein Blick ist finster. So versucht er möglichst Furcht einflößend auf seine Schwester zu wirken. Martin hat jedoch Pech! Martin ist nämlich jünger und kleiner als seine Schwester. Und weil Magdalena so unglaublich wütend ist, stürzt sie sich, mit knallrotem Gesicht und geballten Fäusten, auf ihn.

Martin wehrt sich aus Leibeskräften. Er strampelt und schlägt wild um sich herum, doch leider ist die Sache aussichtslos. Magdalena ist nämlich nicht nur größer, sie ist auch noch um einiges schwerer als Martin. Martin bleibt schon fast die Luft weg, sodass sein ohnehin schon roter Kopf noch ein bisschen dunkelroter wird.

Im Nebenzimmer sitzen die Eltern von Magdalena und Martin vor dem Fernseher. „Ich will den Krimi sehen!“, fordert der Vater. „Und ich will mir das Wissensmagazin ansehen“, verlangt die Mutter. „Wir schauen uns sowieso immer nur die Programme an, die du sehen willst! Heute geht es mal nach meinem Kopf!“, sagt sie und schnappt sich schnell die Fernbedienung, um auf den richtigen Kanal zu schalten.

„Das stimmt doch gar nicht!“, verteidigt sich der Vater. „Erst

vorgestern haben wir uns den Film angesehen, den du sehen wolltest!“

„Pah, dass ich nicht lache!“, kontert die Mutter wütend. „Du hast während des ganzen Filmes wie verrückt hin und her geschaltet, so dass ich kaum der Handlung folgen konnte! Wir haben uns praktisch zehn Filme gleichzeitig angeschaut!“ Und weil sie sich so maßlos ärgert, brüllt sie jetzt schon ziemlich laut!

„Schrei mich doch nicht so an!“, dröhnt der Vater zurück. „Ich kann doch nichts dafür, dass immer die blöde Werbung dazwischen kommt!“

Im Haus ist es nun schon ziemlich laut. Im Vorraum wohnen die Haustiere Charly, der Hund, und Molly, die Katze. Molly schläft in ihrem Körbchen. Charly kann nicht schlafen, weil es so laut ist, und er ärgert sich darüber. Wenn sich Charly ärgert, dann fängt er an zu bellen. So laut, dass Molly vor Schreck erwacht. „Bist du verrückt? Hör auf, so laut zu bellen!“, faucht sie ihn an. „Ich habe mich zu Tode erschreckt und nun kann ich nicht mehr schlafen!“

„Na und! Das ist mir doch egal!“, bellt er schnippisch zurück. Molly kann sich das nicht gefallen lassen. Mit einem Satz springt sie auf ihn und zeigt ihm ihre Krallen.

Da läutet es an der Tür. Oma kommt auf einen Sprung vorbei …

Beantworte nun die folgenden Fragen ohne nachzulesen:

Lass den anderen ausreden und falle ihm nicht ins Wort! Höre aufmerksam zu und sieh dem anderen in die Augen!

1. Wie heißen die Geschwister?

a] Magdalena und Franz ☐
b] Margit und Martin ☐
c] Magdalena und Martin ☐

2. Was hat Martin gemacht?

a] das Tagebuch von Magdalena verschenkt ☐
b] das Tagebuch von Magdalena gestohlen ☐
c] das Tagebuch von Magdalena vergraben ☐

3. Was hat Magdalena gemacht?

a] den Teddy in die Schultasche von Martin gesteckt ☐
b] den Teddy in die Schuhe von Martin gesteckt ☐
c] den Teddy versteckt ☐

4. Martin ist

a] jünger und kleiner als seine Schwester ☐
b] älter und größer als seine Schwester ☐
c] älter und kleiner als seine Schwester ☐

5. Warum streiten die Eltern?

a] wegen des Fernsehens ☐
b] wegen der Schule ☐
c] wegen des Abendessens ☐

6. Im Vorraum wohnen

a] Charly, der Kater, und Molly, die Hündin ☐
b] Charly, der Hund, und Molly, die Katze ☐
c] Chips, der Hund, und Chaps, die Katze ☐

7. Wer kommt auf einen Sprung vorbei?

a] Opa ☐

b] Oma ☐

c] die Nachbarin ☐

8. Findet gemeinsam Antworten zu den folgenden Fragen!

a] Warum streiten wir überhaupt?

b] Wie glaubst du, könnten sich Magdalena und Martin wieder versöhnen? Sucht gemeinsam nach guten Lösungen! Sowohl Magdalena als auch Martin sollen mit der Lösung zufrieden sein.

c] Wie glaubst du, könnten sich die Eltern einig werden? Sucht gemeinsam nach Lösungen. Beide Elternteile sollen mit der Lösung zufrieden sein!

d] Wie wirkt sich ein Streit auf Unbeteiligte aus? Meinst du, Oma merkt etwas vom Streit der Eltern und der Kinder? Wird sich Oma wohlfühlen?

e] Was ist ein kleiner Streit? Was ist ein großer Streit?

f] Wie verhältst du dich bei einem Streit?

9. Erarbeitet gemeinsam 5 Streitregeln und hängt sie in der Klasse auf, damit Streitigkeiten, Konflikte und Auseinandersetzungen nicht gewalttätig und verletzend für andere verlaufen.

Beispiele dazu findest du im Internet!
Schau nach unter:
Suchmaschine: www.helles-koepfchen.at
Suchbegriff: Streitregeln

Lösung: siehe Seite 128

Abschluss-Lesetest

Mit dem folgenden Lesetest kannst du überprüfen, wie gut du nun, nachdem du das Lesen intensiv trainiert hast, Texte verstehen kannst.

Aufgabenstellung:

- Der Test besteht aus drei Teilaufgaben.
- Löse alle drei Aufgaben und vergleiche anschließend deine Ergebnisse mit den Lösungen.
- Je mehr richtige Antworten du hast, desto besser ist dein Leseverständnis.

Aufgabe 1: Richtig oder Falsch? (Lesescreening)
Lies dir jeden Satz durch und stelle fest, ob die Aussage richtig R oder falsch F ist! Ringle jeweils die zutreffende Aussage ein!

Zeit: 2 Minuten

1]	Viele Menschen reisen mit dem Flugzeug in den Urlaub.	R	F
2]	Ein Wolkenkratzer ist ein sehr hohes Haus mit vielen Stockwerken.	R	F
3]	Ein Fischer füttert im Winter die Rehe.	R	F
4]	Bei einer Villa handelt es sich um ein Haus ohne Dach.	R	F
5]	Die vier Himmelsrichtungen lauten: Norden, Süden, Osten & Wüste.	R	F
6]	Die Kinder gehen in die Schule, um dort zu schlafen.	R	F
7]	Ausreichend Schlaf ist wichtig für die Gesundheit.	R	F
8]	Das Riesenrad ist eines der Wahrzeichen von Wien.	R	F
9]	Österreich hat 10 Bundesländer.	R	F
10]	Um einen Computer bedienen zu können, muss man sehr sportlich sein.	R	F
11]	Hunde sind sehr treu und zählen zu den besten Freunden des Menschen.	R	F
12]	Wer eine Katzenallergie hat, sollte sich unbedingt eine Katze anschaffen.	R	F
13]	Den Rasen mäht man mit einem Rasenmäher.	R	F
14]	Die vier Jahreszeiten lauten: Winter, Herbst, Sommer und fröhliche Zeit.	R	F
15]	Karotten wachsen auf Bäumen.	R	F

16] Ein Buch, in dem man nachschlagen kann, wie man Wörter richtig schreibt, nennt man Wörterbuch. R F

17] Es ist ungesund, wenn man zu lange vor dem Fernseher sitzt. R F

18] Die meisten Kinder mögen gerne Eis. R F

19] Kaffee ist ein gesundes Getränk für Säuglinge. R F

20] Unsere Währung ist der Euro. R F

Aufgabe 2: Der Esel und die Ziege (Fabel)

Beantworte die Fragen zum Text:

Zeit: 5 Minuten

Ein Bauer hatte einen Esel und eine Ziege. Weil nun der Esel sehr viel arbeiten und große Lasten tragen musste, erhielt er ein reichlicheres und besseres Futter als die Ziege. Diese beneidete den Esel, und um ihn um die bessere Kost zu bringen, sprach sie eines Tages zu ihm: „Höre, lieber Freund! Oft schon habe ich dich von Herzen bedauert, dass du Tag für Tag die schwersten Lasten tragen und von morgens bis abends arbeiten musst; ich möchte dir wohl einen guten Rat geben." „Warum nicht?", sagte der Esel, „ich bitte dich sogar darum!"

„Nun, so höre: Wenn du an eine Grube kommst, so stürze dich hinein, stelle dich verletzt, und dann wirst du längere Zeit Ruhe haben und nichts arbeiten müssen." Dem Esel schien dies ein ganz guter Vorschlag zu sein, und kaum war er am nächsten Tag mit seiner Last bei einer Grube angekommen, als er auch schon den Rat befolgte. Er trat fehl und stürzte in die Grube. Aber das hatte er sich nicht gedacht! Halb tot lag er da und dass er sich kein Bein gebrochen hatte, war ein Glück. Ganz geschunden wurde er herausgeholt und konnte sich kaum noch nach Hause schleppen. Sein Herr hatte nichts Eiligeres zu tun, als zu einem Tierarzt zu schicken, der dann verordnete: „Der Kranke soll eine frische Ziegenlunge einnehmen." Da dem Herrn der Esel mehr wert war als die Ziege, ließ er diese sofort schlachten, um den Esel zu retten. So büßte die Ziege für ihren bösen Rat mit dem Leben. Die Folgen des Neides werden dem Neider oft selbst zum Verderben.

Beantworte nun die Fragen ohne nachzulesen!

1. a] Warum beneidete die Ziege den Esel?

____

b] Welchen Rat gab die Ziege dem Esel?

____

c] Was verordnete der Tierarzt dem kranken Esel?

____

d] Was passierte mit der Ziege?

____

Aufgabe 3: Vogelspinnen (Sachtext)

Setze die fehlenden Wörter richtig ein.

Zeit: 8 Minuten

Vogelspinnenarten – Vogelspinnen – Nahrung – Wasser - Tasthaare - Wespenstich – Beute – Stärke - Körperteile - Todesfälle

Die Familie der ______________ umfasst über 800 bisher bekannte Arten. Die kleinsten Arten erreichen eine Körperlänge von weniger als 2 cm, die größten über 13 cm. Spinnen häuten sich, um wachsen zu können. Dabei werden Haare, Augen, Lungen, Geschlechtsorgane und vieles mehr komplett erneuert. Sogar fehlende______________, wie Beinglieder oder auch ganze Beine, werden ersetzt. Erwachsene, gut genährte Vogelspinnen können mehr als 1 Jahr ohne

_______________ auskommen, verdursten jedoch bei trockener Luft und fehlendem _______________ innerhalb weniger Tage! Als Nahrung werden hauptsächlich Insekten, manchmal auch andere Spinnen und kleinere Wirbeltiere, genommen. Die Lebenserwartung ist von Art und Geschlecht abhängig. Weibchen werden, je nach Art, 2 bis 30 Jahre alt, Männchen 1 bis 7 Jahre. Hauptsinnesorgane sind _______________ hauptsächlich an den Beinen, die feinste Luftbewegungen und Bodenerschütterungen wahrnehmen. Anhand solcher Eindrücke kann die Spinne die Richtung, Entfernung, Größe und sogar die Art der _______________ ermitteln. Alle Vogelspinnen haben Gifte, die zur Lähmung und Verdauung der Beute eingesetzt werden. Die Zusammensetzung und _______________ des Giftes ist von Art zu Art unterschiedlich. Die Giftwirkung auf den Menschen ist je nach Art wirkungslos, manchmal sehr schmerzhaft, und manchmal treten auch Beschwerden wie Fieber und Krämpfe auf. Schwerwiegende gesundheitliche Schäden oder gar _______________ durch Vogelspinnen sind allerdings nicht bekannt. Die überwiegende Anzahl der _______________ ist für den Menschen nicht gefährlicher als ein Bienen- oder _______________.

Auswertung:

Nun vergleiche mit den Lösungen auf Seite 114 und trage deine Ergebnisse hier ein:

Aufgabe 1: Anzahl richtige Antworten: _____**/20**

Aufgabe 2: Anzahl richtige Antworten: _____**/4**

Aufgabe 3: Anzahl richtig eingesetzter Wörter: _____**/10**

Lösungen zum Abschluss-Lesetest

Aufgabe 1: Richtig oder Falsch? (Lesescreening)

1. (R) F	2. (R) F	3. R (F)	4. R (F)
5. R (F)	6. R (F)	7. (R) F	8. (R) F
9. R (F)	10. R (F)	11. (R) F	12. R (F)
13. (R) F	14. R (F)	15. R (F)	16. (R) F
17. (R) F	18. (R) F	19. R (F)	20. (R) F

Aufgabe 2: Der Esel und die Ziege (Fabel)

a] Weil er reichlicheres und besseres Futter bekam.

b] Er solle sich in eine Grube stürzen, damit er eine Zeit lang nicht mehr arbeiten muss.

c] eine frische Ziegenlunge

d] der Bauer ließ die Ziege schlachten, damit er ihre Lunge dem Esel geben konnte.

Aufgabe 3: Vogelspinnen (Sachtext)

Vogelspinnen – Körperteile – Nahrung – Wasser – Tasthaare – Beute – Stärke – Todesfälle – Vogelspinnenarten – Wespenstich

Abschluss:

Das Schuljahr ist zu Ende. Du hast wieder viel dazu gelernt. Wir hoffen, das Lesen hat dir Spaß gemacht.

Alles Gute für deine weitere Schullaufbahn und viel Spaß beim Lesen und Lernen wünschen dir

Michael und Julia

Das Lesen mit 5 Sinnen:

- Je mehr Sinne du beim Lesen mit einbeziehst, desto besser.
- Stelle dir das Gelesene wie einen Film vor!
- Höre beim Lesen Stimmen und Geräusche in deinem Kopf!
- Fühle dich in das Geschehen ein!
- Stelle dir auch vor, wie die Dinge riechen und schmecken!

Lesezeichen, zum Ausschneiden und Folieren!

Zeitungstexte lesen:

Lies Zeitungstexte und beantworte die folgenden Fragen:

a] Wo war das?
b] Wer war daran beteiligt?
c] Wann ist das passiert?
d] Was ist geschehen?
e] Welche Folgen hatte es?

Markierungsregeln:

1] Lies den gesamten Text. Markiere erst beim zweiten Lesedurchgang!
2] Unterstreiche zunächst nur mit Bleistift!
3] Markiere nur einzelne Schlüsselwörter, keine ganzen Sätze.
4] Überfliege die unterstrichenen Textstellen nochmals.
5] Markiere nur die wichtigen Schlüsselwörter mit einem Leuchtstift!

Sach- und Informationstexte lesen:

1] Überfliege den Text und verschaffe dir einen ersten Überblick! Lies die Übeschrift und achte auf alle Hervorhebungen! Sieh dir die Bilder an!
2] Stelle Fragen! Was will ich wissen? Worauf gibt der Text Antworten?
3] Lies den Text und stelle ihn dir mit allen Sinnen vor!
4] Kläre unbekannte Begriffe!
5] Markiere wichtige Schlüsselwörter!

Urkunde

Hiermit wird

_ _ _ _ _ _ _ _ _ _ _ _ _ _ _ _ _

zum

Leseprofi

ernannt

Du hast erfolgreich am Lesetraining 4 teilgenommen.

Herzlichen Glückwunsch!

Ort und Datum

Julia & Michael

Lehrerin/Lehrer

Neues Wort	Bedeutung	Ein Satz mit dem neuen Wort:
Leseprofi	**Jemand, der sehr viel und sehr gut liest.**	**Ich bin ein Leseprofi.**

Wörterliste von ____________

Neues Wort	Bedeutung	Ein Satz mit dem neuen Wort:

Lösungen

Seite

16 1. 1. a), 2. c), 3. a), 4. b), 5. a), 6. c), 7. b);

20-21 2. Katzenhaltung in einer Wohnung
Die reine Wohnungshaltung von Katzen kann durchaus artgerecht sein, aber die Katze braucht Abwechslung, damit sie sich nicht langweilt. Die meisten Katzen lieben Kratzbäume zum Spielen und Klettern. Wer sich keinen teuren Kratzbaum anschaffen will, kann auch ein Stück Teppich an der Wand befestigen, an dem die Katze hochklettern kann. Gibt es keinen Kratzbaum für die Katze, so hält sie sich überall sonst in der Wohnung auf. Sie mag auch gerne Plätze hoch oben, damit sie das Geschehen überschauen kann. Zu den wichtigsten Abwechslungen in einem Katzenleben gehört auf jeden Fall die tägliche Spielrunde.

3. Der gute Rat
Eines Abends wanderten zwei Freunde durch einen Wald. Plötzlich sahen sie im Dämmerlicht einen großen Bären zwischen den Bäumen stehen. Einer der Freunde kletterte rasch auf eine hohe Tanne und blieb, vor Furcht zitternd, oben in den Zweigen hocken. Der zweite Freund, der nicht klettern konnte, sah keinen anderen Ausweg, als sich tot zu stellen. Er ließ sich auf den Nadelboden fallen und blieb regungslos liegen. Der Bär kam näher und beschnüffelte den Mann von Kopf bis Fuß. Der Mann hielt die Augen fest zugedrückt und lag bewegungslos da. Er rührte sich auch dann nicht, als er den heißen Atem des Bären auf seinem Gesicht fühlte. Stocksteif lag er da und hielt den Atem an, obwohl er vor Angst am liebsten laut losgebrüllt hätte. Der Bär hielt ihn für tot und da Bären keine Toten anrühren, ließ er ihn liegen und trottete davon. Als der Bär verschwunden war, kletterte der Freund von seinem sicheren Versteck und fragte seinen Begleiter: „Was hat dir der Bär ins Ohr geflüstert?“ „Oh“, sagte der andere, „er gab mir den guten Rat, dass ich nie wieder mit einem Freund zusammen wandern soll, der sich in der Gefahr so tapfer aus dem Staub macht und mich im Stich lässt.“

24 1. a) Rezept; b) von der Zubereitung einer Beerenbowle und einer Pfirsichbowle; c) einfache Zubereitung;
2. a) PB, b) BB, c) BB, d) PB, e) BB, f) PB

25 1. zu markieren sind die drei Spinnen: Katipo, schwarze Witwe und Trichterspinne

28 1. a) ✓, b) ✗, c) ✓, d) ✓, e) ✗, f) ✓; g) ✗; h) ✓, i) ✗; j) ✗;

30 1. Auf dem Mond gibt es keine Atmosphäre und somit auch keine für Menschen atembare Luft. Also kann man nicht mehr atmen, wenn man den Raumfahrerhelm abnimmt – und Wind in unserem Sinn weht auf dem Mond auch nicht.
2. a) weil Herr Kümmerli ein Angeber und Aufschneider ist und immer Geschichten erzählt, die nicht wahr sind. b) Inspektor Schnüffel; c) ja; d) als Austronaut; e) auf dem Mond; f) aus seiner Anzugtasche;
3. Der Code lautet: 296

31-32 A. zur Unterhaltung; B. Text genau lesen; C. Das Gedicht ist in Reimform geschrieben; D. Es muss mit Glück zu tun haben.

1. Das Gedicht hat diesen Titel, weil am Ende erzählt wird, dass ich gar nicht zu Hause bin.
2. Lärm
3. a) quietscht, rattert; b) lärmt, schreit; c) kläfft; d) plärrt, dröhnt; e) gluckst, gurgelt; f) pocht, hämmert
4. Katze

36 1. die Ameise; 2. das Eichhörnchen; 3. das Reh; 4. die Ente;

37-38 1 1. a), 2. b), 3. a), 4. c), 5. b), 6. a), 7. a), 8. b), 9a), 10. a) sich besonders ärgern, b) über etwas angestrengt nachdenken, c) geistig gestört sein d) besonders neugierig sein;

40

1. Herr Vingner fälschte zwar die Unterschrift täuschend echt und fast wäre er dadurch um einige Millionen reicher geworden. Aber sein Plan scheiterte an einem Rechtschreibfehler. Er schrieb Walter Schmitt statt Schmidt.
2. a) Walter Schmidt, b) 90 Jahre, c) Cordula Griener, d) ein entfernter Verwandter, e) die Briefmarkensammlung, f) Inspektor Schnüffel

42

1. a) Neumond, Vollmond, Halbmond, zunehmender Mond, abnehmender Mond; b) durch die unterschiedliche Sonneneinstrahlung; c) 29,5 Tage; d) Weil sich der Mond um die Erde und in der gleichen Zeit um sich selbst dreht; e) durch Meteoriteneinschläge; f) der Amerikaner Neil Armstrong; g) Die Anziehungskraft des Mondes ist viel schwächer als die der Erde. Sie beträgt nur ein Sechstel.

43-45 A. Dieser Text dient der Information. B. a) und b): Ich muss den Text überfliegen, um mir ein Bild zu machen. Wenn mich das Rezept interessiert, werde ich den Text genau lesen. Hier sind bestimmte Informationen gefragt, also muss ich den Text genau durchlesen, um die Fragen beantworten zu können.

1. Mehl, Eier, Salz, Zucker, Milch, Heidelbeeren, Butter, Staubzucker
2. a) Schnee schlagen: Eiweiß mit einem Mixer schlagen, bis es fest wird; b) mit Staubzucker bestäuben: mit Staubzucker bestreuen; c) Der Teig besteht aus Mehl, Milch, Eiern, Salz und Zucker; d) Der Teig wird in eine Pfanne mit heißem Fett gegossen und langsam gebacken; e) Soviel Teig, dass die Bodenplatte bedeckt ist; f) Es wird Zucker darauf gestreut.
3. Ordne die Sätze der Reihe nach: b), d), c), e), i), j), g), k), a), f), h);
4. Kosten für die Mahlzeit: € 5,40
5.

H	E	I	D	E	L	B	E	E	R	E	N	B
M	S	A	L	Z	A	B	M	E	I	E	R	U
E	I	E	R	B	U	T	T	E	R	L	C	T
H	D	L	B	U	T	T	E	R	H	E	F	T
L	Z	U	C	K	E	R	G	E	H	L	J	E
S	A	L	Z	H	M	I	L	C	H	C	H	R

48 A. zur Information, B. Text genau lesen, wenn er mich interessiert.

50 1. c), 2. b)

56 1. a) aufgrund eines Alarms. Sie sollen einen geplanten Einbruch in den Tresorraum der Bank verhindern; b) Gold; c) Kommissar Heinz; d) drei Meter; e) eine Limonade im Lebensmittelgeschäft
2. Bei dem Lebensmittelladen handelt es sich nur um eine Attrappe. Die schmutzigen Schuhe des Verkäufers sind dieselben wie die des Wachmanns in der Bank. Es handelt sich also um denselben Mann. Offenbar gräbt er einen Tunnel von dem Laden in den Tresorraum.
3. a) einen braunen Mantel und einen braunen Hut; b) blau; c) weiß und grün;

57-59 1. Alex, Ali, Andreas, Anna, Claudia, Felix, Helmut, Jürgen, Kathi, Maria, Martina, Matthias, Oliver, Paul, Robert, Simon, Stephanie, Theresa
2. schnitt – schneiden; schlief – schlafen; aß – essen; rief – rufen; kam – kommen; gesungen – singen; gelaufen – laufen; brachte – bringen
3.

Schwe... schwe...	Leh... leh...	Schl... schl...	Gro... gro...	Kr... kr...
Schwester	**Lehrer**	**schlagen**	**Grotte**	**Kran**
schwer	**Lehrjahr**	**Schloss**	**Groll**	**krank**
Schwein	**lehren**	**Schlüssel**	**groß**	**Krug**
Schwelle	**Lehm**	**schließen**	**großzügig**	**Kragen**
Schweiß	**Lehrzeit**	**Schleim**	**grob**	**kriechen**

4. Schul: Schultasche – Schulkind – Schuljahr - Schulgeld
Auto: Autobahn – Automarke – Autofenster - Autofahrer
Garten: Gartentor – Gartenzaun – Gartenblumen - Gartenmauer
Stadt: Stadtgarten – Stadttor – Stadtmauer - Stadtpark
Buch: Buchtitel – Buchhandlung – Buchseite - Buchdruckerei
Geld: Geldbörse – Geldrolle – Geldgeber - Geldautomat
5. ge-lin-gen; ge-la-den; Lü-ge; Geld (kann man nicht abteilen!); los-fah-ren, Mons-ter; Mo-ment; Geist (kann man nicht abteilen!); ba-cken; Mit-tag; Müt-ze

60-61 Es passen nicht:
1. a) trinken, b) murmeln, c) fluchen, d) loben
2. a) schlafen, b) zwinkern;
3. a) gescheit, b) lärmend, c) kaputt; d) unglücklich; e) stark; f) einsam; g) fad;

64 1. Charme: Liebreiz, gewinnendes, anziehendes Wesen
Exemplar: Stück, Einzelstück
genial: großartig, klasse, fantastisch, hoch begabt
Mette: Gottesdienst
monströs: fürchterlich, scheußlich
verdutzt: verwundert, überrascht
amüsieren: sich vergnügen, Spaß haben
energisch: tatkräftig, entschlossen
2. a) Es passen nicht: träumen, schreiben, helfen;
b) laut sagen: kreischen, brüllen, grölen, wettern, donnern, protestieren, schelten, rufen, schreien, lärmen
Man kann auch sehr laut motzen, murren, drohen, maulen.

65-67 1. Die Wörter richtig geschrieben, in der Reihenfolge wie sie im Text vorkommen: Gruß, demonstriert, schließlich, miserabel, bedrückt, schnäuzt, passiert, Fußball-training, wissen, musst, weiß, gibt, Idee, Schluss, stürmt;
2. a) Es passen nicht: verstehen, stürmen b) rechnen, schreiben, schießen

69-70 A. a); B. a) und b) Ich muss diesen Text genau und langsam durchlesen, eventuell unbekannte Wörter im Wörterbuch nachschlagen.

2. a) Tarnung - tarnen - sich im Gelände verstecken
   b) Terrarium - Glasbehälter für lebende Eidechsen, Schlangen usw.
   c) schleudern - werfen
   d) Beute - etwas fangen
   e) Vorsprung – z. B. bei einem Wettlauf erzielen
3. Lauerjäger lauern und Jäger
   Das Tier wartet (lauert) so lange, bis es die Beute jagen kann.
   Drundausstattung Grund und Ausstattung
   Dabei handelt es sich um eine unbedingt notwendige Ausstattung.
   Vorsprung Vor und Sprung
   Jemand ist ein Sprung weiter vorne, weil er etwas besonders gut kann oder schneller als alle anderen ist.
   Mineralstoffmischung Mineralstoff und Mischung
   Eine Mischung aus Mineralstoffen
   Sekundenbruchteil Sekunden und Bruchteil
   Ein Bruchteil einer Sekunde
   Luftfeuchtigkeit Luft und Feuchtigkeit
   Die Feuchtigkeit in der Luft
4. bei „Stunde", dann alphabetisch bei den zusammengesetzten Wörtern.
5. Zusammengesetzte Wörter mit „Stunden": Stundenausmaß, Stundenvorbereitung, Stundenzahl, Stundentafel, Stundengeschwindigkeit, Stundenzeiger, Stundenkilometer, Stundenlohn, Stundenplan.
6. Es ist nicht ganz richtig, dass Chamäleons eine klebrige Zunge haben. Sie haben eine lange Zunge und schleudern diese blitzschnell in Richtung Opfer. Es stimmt nicht, dass Chamäleons die Farbe wechseln, weil sie sich tarnen wollen. Sie wechseln die Farbe, wenn sie sich paaren wollen oder wenn sie sich ärgern.

73 1.

Artikel	Wort	Bedeutung
Das	Geäst	Äste und Zweige einer Baumkrone
	jodeln	ein volkstümlicher Gesang, typisch für die Alpenregion
das	Mienenspiel	Ausdruck des Gesichtes
das	Revier	Gebiet, meist in der Jagd verwendet
die	tagaktive Tiere	Tiere, die am Tag ihr Futter suchen
	Pfützen	Mehrzahl, Wasserlacken
der	Tau	Niederschlag während der Nacht
	tyrannisieren	jemanden unterdrücken, mit Gewalt beherrschen
der	Rang	bestimmte Ordnung in der Tierwelt
die	Haartracht	Frisur

2. Die Lisztäffchen sind ganz kleine, lustig aussehende Äffchen, die in den Baumkronen der Regenwälder leben. Ihren Namen haben sie nach dem ungarischen Komponisten Franz Liszt.

78 1. Wo? In Neuseeland; Wer hat ihn gefunden? Ein Fischer; Wann? Februar 2007; Was ist geschehen? Ein Riesentintenfisch wurde gefangen; Wie groß ist der Tintenfisch? 10 Meter lang und wiegt 450 Kilo.

79 A. Nachrichtentext
1. Wo? Die Schlange lebt in Asien. (Japan, Korea, China und Vietnam);

Wer? Die Tiger-Natter; Was? Eine Schlange klaut Gift.;
Wie? Sie frisst Kröten und speichert deren Gift.

80 A. Nachrichtentext

1. Britische Forscher fanden heraus, dass Schmutz, durch Bakterien im Boden, glücklich macht.
2. Schmutz macht glücklich. Das haben britische Forscher herausgefunden. Schuld daran sind bestimmte Bakterien im Boden.
3. Speck, Decke, Schnecke, Glocke, Socke, Gockel, spucken, schlucken, Mücke, Glück.

81 A. Nachrichtentext

1. Kinder in Österreich und Deutschland haben immer weniger Karies, weil sie besser ihre Zähne putzen und regelmäßiger zum Zahnarzt gehen.
2. Kinder in Österreich und Deutschland haben immer weniger Karies. Der Grund dafür: Sie putzen besser ihre Zähne und gehen regelmäßiger zum Zahnarzt.
3. Zahn, wahr, Währung, wählen, ehrlich, Lohn, Hahn, Kohlen, lehren, gefährlich, anlehnen.

82-83 A. zur Information; B. Text überfliegen

1. a)
2. a)
3.

Kanal 1	–
Kanal 2	**11.50 Uhr: Wetterschau; 13.00 Uhr: ZiB**
Kanal 3	**12.00 Uhr: Punkt 12**
Kanal 4	–

4. a) 17.55 Uhr: Café Puls kocht! Kochshow
   b) 20.15 Uhr: Monk - Krimiserie
   c) Wetterschau: 11.50 Uhr
   d) Seitenblicke: 20.05 Uhr
   e)

Kanal 1	**6.55 Kim Possible, 7.15 Disneys Tarzan, 7.40 Uhr: Die Schlümpfe,**
Kanal 2	–
Kanal 3	–
Kanal 4	–

87-88 1 a) ☑, b) ☒, c) ☒, d) ☑, e) ☒, f) ☑; g) ☑; h) ☒, i) ☑; j) ☒; k) ☑;

2. Wohin muss Martin?
   Wer zieht die Vorhänge weg?
   Was tut Martin weh?
   Was hat Martin?
   Wer muss kommen?
3. Mögliche Fragen:
   Was tut Martin weh?
   Wohin muss Martin?
   Wo befindet sich der Blinddarm?
   Wie groß ist der Blinddarm?

Wo befindet sich der Wurmfortsatz?
Welche Bedeutung hat der Wurmfortsatz?
Was ist bei der Blinddarmentzündung genau genommen entzündet?
Was wird herausgeschnitten?

4. Der Arzt erklärt: „In deinem Bauch befinden sich die Gedärme lang. Auf halbem Weg, genau zwischen dem so genannten Dünndarm und dem Dickdarm kurz, befindet sich der Blinddarm. Der Blinddarm ist ein Sack Nikolaus, ungefähr so groß wie eine Faust groß. Dort landet der Kot, also das ehemalige Essen, bevor er vom Dünndarm in den Dickdarm geschoben wird gestern. Am hinteren Ende des Blinddarmsackes befindet sich der so genannte Wurmfortsatz befindet. Dieser Wurmfortsatz hat, im Gegensatz zum Blinddarm, keine Bedeutung für die Verdauung. Er ist einfach da. Dieser Wurmfortsatz war ist eines der wenigen Körperteile Beine, auf die der Mensch ohne weiteres verzichten könnte. Warum es ihn trotzdem gibt, ist noch unbekannt häufig. Bei der Blinddarmentzündung ist genau genommen krank nicht der gesamte Blinddarm, sondern nur der Wurmfortsatz entzündet und dieser kranke Wurmfortsatz gesund wird herausgeschnitten."

90-91 1 a) ☒, b) ☑, c) ☑, d) ☒, e) ☒, f) ☒; g) ☑; h) ☑, i) ☒; j) ☑; k) ☒; l) ☒; m) ☑;

2. a) Wer waren die Piraten?
   b) Wen plünderten die Piraten aus?
   c) Was machten die Piraten mit ihrer Beute?
   d) Was zeichneten sie, um das Versteck wieder zu finden?
   e) Wofür waren die Piraten bekannt?
3. Weitere mögliche Fragen:
   Wann kamen sie und holten das Gold?
   Was hatte so mancher Pirat aufgrund eines verlorenen Kampfes?
   Wer besaß sogar eine Pistole?
   Womit feuerte man auf das andere Schiff?
   Was hatte jeder Pirat zu seiner Verteidigung?
4. Die fehlenden Wörter in der richtigen Reihenfolge:
   Augenklappe, Piratenflagge, Papagei, Holzbein, Kanone, Säbel, Pistole, Versteck;

92 A. Information; B. genau lesen; C. Leseziel: Information über die Mikrowelle

1. Mikrowellen erwärmen das Wasser im Essen.

95 2. a) Ja, sie laufen z. B. auf einem Laufband.
   b) In einem Schlafsack an die Wand gebunden.
   c) Wie ein großer Staubsauger mit einem Trichter dran.
   d) Es sieht aus wie Trockenpulver in einer Vakuumverpackung.
   e) Ja
   f) Um Gewicht zu sparen.

97 1. a) von Wien Westbahnhof; b) Salzburg Hauptbahnhof; c) Um 11.34 Uhr; d) An: 12.18 Uhr, ab: 12.20 Uhr; e) Um 13.30 Uhr; f) Um 14.52 Uhr

2. Die richtige Reihenfolge ist: 1, 6, 7, 4, 8, 5, 3, 2, 9

99 1. Dezember

Der Dezember ist ein ereignisreicher Monat. Die Tage sind kurz und die Nächte lang. Fast in jedem Jahr fällt in diesem Monat Schnee. Aber egal, ob Schnee
fällt oder nicht, es ist auf jeden Fall kalt und die Pflanzen und Tiere ruhen.
Am 6. Dezember freuen sich die Kinder auf den Nikolaus. Am 24. Dezember feiern wir das Weihnachtsfest und am 31. Dezember klingt mit Silvester das Jahr aus.

100 1. Brot

Brot ist eines der Grundnahrungsmittel des Menschen. Es enthält je nach Sorte mehr oder weniger alle Stoffe, die wir brauchen, um gesund zu bleiben. Es gibt viele verschiedene Brotsorten wie z. B. Weißbrot, Mischbrot, Roggenbrot, Dinkelbrot, Vollkornbrot und noch viele andere mehr. Am gesündesten ist das Vollkornbrot. Zur Herstellung dieses Brotes wird Vollkornmehl verwendet. Vollkornmehl entsteht, indem beim Mahlvorgang alle Teile des Kornes, also auch die Randschichten, zu Mehl verarbeitet werden. Das Gegenteil zum Vollkornmehl ist das Weißmehl. Hier werden beim Mahlvorgang die Teile des Kornes getrennt. Das Korn wird nur kurz gemahlen und die Randschichten, die harten und groben Teile des Kornes, werden ausgesiebt. So entsteht das weiße Mehl. Wir sagen auch Auszugsmehl dazu. Aus diesem Mehl wird Weißbrot gebacken.

Stichwörter

Brot =	Grundnahrungsmittel
	enthält alle Stoffe
	gesund
	verschiedene Brotsorten
	am gesündesten
	Vollkornbrot aus Vollkornmehl
Vollkornmehl =	alle Teile des Kornes
Gegenteil =	Weißmehl
	Randschichten ausgesiebt
	Weißbrot

101 1. Obst

Wenn wir im Supermarkt bei der Obstabteilung vorbeikommen, gibt es viel zu sehen. Die Früchte leuchten uns in rot, gelb, grün und orange entgegen. Obst ist meist saftig und süß, deshalb mögen es auch fast alle gern. Es ist die bunte Vielfalt, die uns anspricht und die uns sofort das Wasser im Mund zusammenlaufen lässt. Bananen, Äpfel, Birnen und Weintrauben sind beliebte Obstsorten, genauso wie Mandarinen, Orangen und Pfirsiche. Es ist für jeden Geschmack etwas dabei. Obst wird in verschiedene Obstsorten eingeteilt. Wir unterscheiden zwischen Beerenobst, Kernobst, Steinobst und Sammelfrüchten. Zum Beerenobst gehören z. B. Heidelbeeren und Johannisbeeren. Zum Kernobst gehören z. B. Äpfel und Birnen. Als Steinobst bezeichnen wir z. B. Kirschen und Pfirsiche und zu den Sammelfrüchten zählen
Himbeeren und Brombeeren.

Stichwörter

Obst =	saftig
	süß
	rot
	gelb
	grün
	orange
Obstsorten =	Bananen
	Äpfel
	Birnen
	Weintrauben
	Mandarinen

	Orangen
	Pfirsiche
Beerenobst =	Heidelbeeren
	Johannisbeeren
Kernobst =	Äpfel
	Birnen
Steinobst =	Kirschen
	Pfirsiche
Sammelfrüchte =	Himbeeren
	Brombeeren

102 **1.**

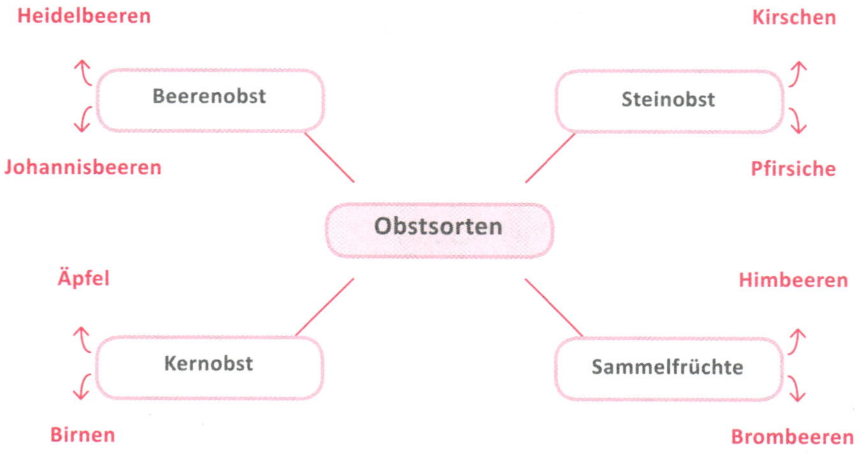

104 1. b)
2. b)

108-109 1. c), 2. b), 3. a), 4. a), 5. a), 6. b), 7. b)
9. Streitregeln:
Keine Schimpfwörter
Keine körperliche Gewalt
ruhig bleiben
Hilfe von Erwachsenen holen
Klärende Fragen stellen

Liebe Lehrerinnen und Lehrer, liebe Erziehungsberechtigte!

Die Bildungsstandards geben an, welche Kompetenzen Schüler und Schülerinnen bis zu einer bestimmten Schulstufe erworben haben sollten. Sie dienen der Orientierung, helfen die Lernerfolge zu optimieren und sind eine Hilfe zur Selbsteinschätzung.

Dieses Buch hilft dem jungen Leser / der jungen Leserin gezielt dabei eine Lesekompetenz aufzubauen bzw. zu erwerben. Besonders geübt wird im Bereich der Lesekompetenz der Bereich „Textverständnis entwickeln".

Die Abkürzungen „ST" und „ST (H)" begleiten durch das Buch und zeigen Seite für Seite auf, welche Kompetenzen und Standards behandelt werden!

ST = Standards des Bereiches **„Lesen – Umgang mit Texten und Medien"**
ST (H) = Standards des Bereiches **„Hören, Sprechen und Miteinander-Reden"**

Standards des Bereiches „Lesen – Umgang mit Texten und Medien" (mit den dazugehörigen Kompetenzen) (ST)

ST 1 - Die Lesemotivation und das Leseinteresse festigen und vertiefen

Die Schülerinnen und Schüler können
- beim Vorlesen interessiert und bewusst zuhören,
- Bücher und Texte nach eigenem Interesse in verschiedenen Medien selbst auswählen.

ST 2 - Über eine altersadäquate Lesefertigkeit und ein entsprechendes Leseverständnis verfügen

Die Schülerinnen und Schüler
- können ihre Lesefertigkeit an einfachen Texten zeigen,
- verfügen über sicheres Leseverständnis auf der Wort- und Satzebene,
- können ihre Verlesungen korrigieren.

ST 3 - Den Inhalt von Texten mit Hilfe von Arbeitstechniken und Lesestrategien erschließen

Die Schülerinnen und Schüler können
- Arbeitstechniken und Lesestrategien zur Texterschließung anwenden,
- Informationen aus literarischen Texten sowie aus Sach- und Gebrauchstexten entnehmen,
- zur Klärung fehlender bzw. unzureichender Informationen zusätzliche Quellen, einschließlich elektronischer Medien nutzen,
- Informationen aus Texten miteinander vergleichen,
- Inhalte / Informationen aus Texten ordnen,
- den Verlauf einer Handlung erschließen,
- das Wesentliche eines Textes erfassen.

ST 4 - Das Textverständnis klären und über den Sinn von Texten sprechen

Die Schülerinnen und Schüler können
- ihr Textverständnis artikulieren und kommunizieren,
- den Sinn von Texten klären und auch nicht ausdrücklich genannte Sachverhalte verstehen,
- zu einem Text Stellung nehmen und ihre Meinung begründen.

ST 5 - Verschiedene Texte gestaltend oder handelnd umsetzen

Die Schülerinnen und Schüler können
- Einen Text sinngestaltend vortragen bzw. ihn umgestalten,
- Sach- und Gebrauchstexte für die Ausführung bestimmter Tätigkeiten verstehen und nutzen.

ST 6 - Formale und sprachliche Gegebenheiten in Texten erkennen

Die Schülerinnen und Schüler können
- einfache sprachliche und formale Gestaltungen sowie den Aufbau von Texten erkennen,
- Textsorten nach wesentlichen Merkmalen unterscheiden.

ST 7 - Literarische Angebote und Medien aktiv nutzen

Die Schülerinnen und Schüler können
- Bücher und Medien zur Gewinnung von Information und zur Erweiterung ihres Wissens nutzen,
- Literarische Angebote zur Erweiterung ihres Selbst- und Weltverständnisses sowie zur Unterhaltung nutzen.

Standards des Bereiches „Hören, Sprechen und Miteinander-Reden“ (mit den dazugehörigen Kompetenzen) ST (H)

ST (H) 1 - Verständlich erzählen und anderen verstehend zuhören

Die Schülerinnen und Schüler können
- Erlebnisse zuhörerbezogen erzählen,
- über Begebenheiten und Erfahrungen verständlich sowie thematisch zusammenhängend sprechen,
- anderen aufmerksam zuhören.

ST (H) 2 - Informationen einholen und sie an andere weitergeben

Die Schülerinnen und Schüler können
- Informationen über Lebewesen, Gegenstände sowie Sachzusammenhänge einholen,
- Sachinformationen an andere weitergeben und dabei gelernte Fachbegriffe verwenden,
- Beobachtungen und Sachverhalte so darstellen, dass sie für Zuhörerinnen und Zuhörer verständlich werden.

ST (H) 3 - In verschiedenen Situationen sprachlich angemessen handeln

Die Schülerinnen und Schüler können

- können Situationen richtig einschätzen und sprachlich angemessen reagieren,
- verfügen über Sprachkonventionen für unterschiedliche Sprechakte.

ST (H) 4 - In Gesprächen Techniken und Regeln anwenden

Die Schülerinnen und Schüler können

- mit anderen zu einem Thema sprechen, es weiter denken und eigene Meinungen dazu äußern
- Gesprächsbeiträge aufnehmen und sie weiterführen,
- die eigene Meinung angemessen äußern und vertreten bzw. einsehen, wenn sie sich geirrt haben,
- sich an Gesprächsregeln halten, anderen respektvoll zuhören und sich fair mit deren Meinungen auseinandersetzen,
- in Konflikten gemeinsam nach Lösungen suchen.

ST (H) 5 - Sprachfähigkeiten erweitern und an der Standardsprache orientiert sprechen

Die Schülerinnen und Schüler

- verfügen in aktiver Sprachverwendung über einen altersadäquaten Wortschatz,
- können Formen von Wörtern und Sätzen standardsprachlich korrekt verwenden.

ST (H) 6 - Deutlich und ausdrucksvoll sprechen

Die Schülerinnen und Schüler können

- verständlich, ausdrucksvoll und an der Standardsprache ausgerichtet sprechen,
- Gestik, Mimik und Stimmführung zur Unterstützung sprachlicher Aussagen einsetzen.

Checkliste

Bildungsstandards

Nr.	Thema / Inhalte	Standards des Kompetenzbereiches „Lesen – Umgang mit Texten und Medien“ (ST)	Standards des Kompetenzbereiches „Hören, Sprechen und Miteinander-Reden“ ST (H)	Seite	erledigt
	Einführung			7	
	Einstieg-Lesetest			8	

Lesetechnik

Nr.	Thema / Inhalte	Standards des Kompetenzbereiches „Lesen – Umgang mit Texten und Medien“ (ST)	Standards des Kompetenzbereiches „Hören, Sprechen und Miteinander-Reden“ ST (H)	Seite	erledigt
1	**Leseregeln:**			13	
	Mit allen Sinnen lesen	ST 1, 2, 3		13	
	Claudia hat Zahnschmerzen	ST 1, 2, 3	ST (H) 1	15	
2	**Lesegeschwindigkeit:**			17	
	Erweiterung der Blickspanne: zwei Wörter mit einem Blick erfassen	ST 1, 2		17	
3	**Lesebremsen:**			19	
	Wo steckt Mieze?	ST 1, 2		19	
	Katzenhaltung in der Wohnung	ST 1, 2		20	
	Der gute Rat	ST 1, 2		21	

4	**Ausdrucksvoll lesen:**		ST (H) 6	22	
	In meinem Haus lebt ein Gespenst	ST 1, 2		22	
5	**Überfliegendes Lesen oder Slalomlesen:**			23	
	Beerenbowle	ST 1, 2, 3		23	
	Pfirsichbowle	ST 1, 2, 3		24	
6	**Scanning:**			25	
	Spinnen	ST 1, 2, 3		25	

Lesetraining - Textverständnis

Nr.	Thema / Inhalte	Standards des Kompetenzbereiches „Lesen – Umgang mit Texten und Medien“ (ST)	Standards des Kompetenzbereiches „Hören, Sprechen und Miteinander-Reden“ ST (H)	Seite	erledigt
	Textverständnis Sinnzusammenhang				
1	Jan und Leo (Erlebnis)	ST 1, 2, 3	ST (H) 1	27	
2	Auf Besuch im All (Ratekrimi)	ST 1, 2, 3, 4	ST (H) 1	29	
3	Mein Glück (Gedicht)	ST 1, 2, 3	ST (H) 1	31	
4	Die Hütte im Koboldwald (Kinderbuchausschnitt)	ST 1, 2	ST (H) 1	33	
5	Tier-Leserätsel (Rätsel)	ST 1, 2, 3	ST (H) 1	36	
6	Redensarten	ST 1, 2, 3	ST (H) 1	37	

Zeitungstexte lesen

Sach- und Gebrauchstexte lesen

Texte als Diskussionsgrundlage